档案管理理论
与实践创新研究

张国强　张　辉　杨　杨◎著

中国书籍出版社
China Book Press

图书在版编目（CIP）数据

档案管理理论与实践创新研究 / 张国强, 张辉, 杨杨著. -- 北京：中国书籍出版社, 2023.9
ISBN 978-7-5068-9499-9

Ⅰ.①档… Ⅱ.①张…②张…③杨… Ⅲ.①档案管理—研究 Ⅳ.① G271

中国国家版本馆 CIP 数据核字 (2023) 第 131659 号

档案管理理论与实践创新研究
张国强　张　辉　杨　杨　著

图书策划	邹　浩
责任编辑	吴化强
责任印制	孙马飞　马　芝
封面设计	博健文化
出版发行	中国书籍出版社
地　　址	北京市丰台区三路居路 97 号（邮编：100073）
电　　话	（010）52257143（总编室）　（010）52257140（发行部）
电子邮箱	eo@chinabp.com.cn
经　　销	全国新华书店
印　　厂	北京四海锦诚印刷技术有限公司
开　　本	710 毫米 ×1000 毫米　1/16
印　　张	11.25
字　　数	216 千字
版　　次	2024 年 1 月第 1 版
印　　次	2024 年 1 月第 1 次印刷
书　　号	ISBN 978-7-5068-9499-9
定　　价	68.00 元

版权所有　翻印必究

前　言

随着现代化信息的传播，知识、经济渗透到社会的各个领域，经济一体化、文档一体化、社会信息化已经成为当今社会不可逆转的趋势。档案部门作为收集、整理、储存、加工、传播知识与信息的枢纽，与这一社会经济变革有着密不可分的联系：档案作为信息社会众多信息资源中最基础的部分，档案的数量急剧增加，档案的内容更加丰富，档案的载体日益多样化；与之相应的档案收集、整理、分类、鉴定、保管、利用等档案信息服务模式也将产生巨大的变化，档案传统的服务体系和服务方式已经不能顺应时代的潮流。因此，档案管理服务模式的创新，是知识、经济、信息社会发展的必然需要。

档案管理就其基本性质和主要作用来说，是一项融管理性、服务性、政治性于一体的工作，是各项事业顺利发展的重要保障。目前，社会对档案需求的满足程度主要取决于档案管理水平的不断提高。因此，档案管理工作要实现新的发展必须依靠创新理念，进一步提高管理水平，应用科学手段达到资源利用的高效率和组织目标的高效率的高度统一。

本书属于档案管理方面的著作，全书阐述了档案与档案管理的基本知识，探讨了档案管理的相关理论依据，探索了管理维度空间中档案管理理论建构，研究了档案管理的业务范畴，对企业、高校和医院档案管理进行了深入探讨，并以发展的眼光透视档案管理实践创新的路径，目的是让档案工作者以及关注档案事业发展有志之士更多地了解现代社会档案管理，认识档案管理理论变革的新思路和新方法，促进档案管理理论的发展和完善，推动现代档案工作的规范化和档案管理的科学化。该书对从事档案管理的工作者有参考价值。

笔者在书写本书的过程中，得到了许多专家学者的帮助和指导，在此表示诚挚的谢意。由于笔者水平有限，加之时间仓促，书中所涉及的内容难免有疏漏之处，希望各位读者多提宝贵意见，以便笔者进一步修改，使之更加完善。

目 录

第一章 档案与档案管理基本概述 ... 1
第一节 对档案的基本认识 ... 1
第二节 档案工作的内容及性质 ... 15
第三节 档案管理的组织体系 ... 19
第四节 档案管理人员素质与提升 ... 23

第二章 档案管理的理论依据与建构设想 ... 27
第一节 文件生命周期与文件运动理论 ... 27
第二节 社会记忆理论与档案管理研究 ... 37
第三节 档案管理新理论与知识服务的再融合 ... 40
第四节 管理维度空间中档案管理理论建构 ... 43

第三章 档案管理的业务范畴研究 ... 56
第一节 档案收集与归档文件处理 ... 56
第二节 档案的整理立卷 ... 58
第三节 档案的检索、编研与统计 ... 62
第四节 档案的后续管理与利用 ... 83

第四章 企业档案管理及其新发展 ... 92
第一节 企业档案与企业形象塑造 ... 92

第二节 企业档案管理的地位与作用 …………………………… 104

第三节 企业文化建设与档案管理 …………………………… 107

第四节 企业档案管理的数字化转型 …………………………… 118

第五章 高校档案管理与现代化创新 …………………………… 121

第一节 高校档案与档案管理概述 …………………………… 121

第二节 高校设备档案管理体系构建 …………………………… 133

第三节 高校学生档案管理的实践思考 …………………………… 137

第四节 高校档案现代化管理的创新 …………………………… 142

第六章 医院档案管理与新技术应用 …………………………… 155

第一节 医院档案与医院管理概述 …………………………… 155

第二节 医院档案管理信息化建设的思考 …………………………… 159

第三节 大数据技术与医院档案管理创新 …………………………… 163

第四节 5G 技术在医院档案管理中的应用 …………………………… 166

参考文献 …………………………… 172

第一章　档案与档案管理基本概述

第一节　对档案的基本认识

档案是伴随着人类文明的起源、社会的发展而产生和发展的。从口口相传，到结绳刻契，从文字记录，到声像记录，再到电子记录，档案经历了漫长的演变过程。

一、档案的起源与发展

（一）档案的起源

在远古蛮荒时代，由于生产力极其低下，社会关系简单，原始社会早期人们的交往、社会活动仅靠口口相传就能满足人们的需要。但语言有许多局限性，既无法保存，传播也受到限制。

当社会从低级原始阶段向前发展时，为适应日益复杂的社会生产和生活要求，人们开始以实物帮助记忆，即在物件上作出一些标记或符号表达思想或记事。我国历史上主要有结绳和刻契等原始记事方法。《易·系辞》载："上古结绳而治，后世圣人易之以书契。"唐李鼎祚《周易集解》引《九家易》载："结之多少，随物众寡，各执以相考，亦足以相治也。"可见，结绳是我国最早的记事方法。

刻契记事比结绳记事更进一步。所谓刻契，即在木片、骨片或玉片上刻上符号以记事。这种记事方法在我国古籍中也有记载，如西汉学者孔安国《尚书·序》载："古者伏羲氏之王天下也，始画八卦，造书契，以代结绳之政。"刻契记事在我国一些少数民族中也能得到印证。如《隋书·突厥传》载："无文字，刻木为'契'。"说明一些少数民族在文字产生前已有"契"了。到了20世纪50年代，我国一些少数民族仍以刻契记事。

原始人还善于用图画来记事，比刻契记事又进了一步。传说中，远古时期人们用花、虫、鸟、兽等各种符号记录种种事物。近年我国出土的原始社会晚期仰韶文化、龙山文化彩陶上的刻划符号，被学者认为就是简化了的图画。

人们尽管借助于各种标记、符号，用结绳、刻契、图画等记事方法，能保存、传递相关记录信息，但由于受生产力发展水平的限制，加之原始记事方法的局限性，留存的记忆往往是不确切、不完整的，不能成为普遍的社会交往工具。历史、语言学家把这一时代称为"助记忆时代"。同时，原始记事在一定范围内有历史记录、契约、凭证、备忘等作用，因此，可以看作是档案的雏形。

(二) 档案的产生条件

档案产生的条件主要有以下两方面：

1. 客观条件：文字的产生

档案起源于原始记事，但原始记事并非档案。文字作为语言记录符号产生以后，使得早期人类大同小异的记录符号逐渐变得整齐划一，从而形成系统。只有文字才能准确表达思想，文字的产生为准确地记录事实提供了条件，从而为档案的形成提供了客观条件。

随着生产实践的继续发展，记录语言的文字符号系统进一步完善，出现了比较有条理的信息记录。这些有条理的信息记录使用完毕后，为了日后查考，被整理保存起来，便形成了档案。河南安阳小屯村出土的3000多年前的商代甲骨文字档案，是迄今发现的我国历史上最早的文字记录档案。

2. 社会条件：国家的出现

在原始社会后期，随着生产的发展、社会交往的扩大，人们需要帮助记忆和交流的工具，而文字记录正起到了保存社会活动记忆、便于交流的作用。社会越发展，人们交往越频繁，形成的记录越多，发挥的作用也越大。在原始社会向奴隶社会过渡，出现了阶级、国家以后，统治者为了治理国家、协调矛盾、发展生产、军事外交等需要，更需要有一种发号施令、管理众人的工具，于是就产生了记录阶级统治、国家管理状况的文书。这些文书保存并留传下来，就成为档案。

可见，在漫长的人类社会发展过程中，文字记录的产生，社会的发展，国家的逐渐形成，进入阶级社会以后特定的社会需要等诸因素影响下，档案逐渐产生，并不断发展。

二、档案的概念与性质

（一）档案的概念理解

关于档案的概念，国内外档案学界有许多不同的观点和阐述，20世纪80年代，全国范围内也有过广泛讨论。目前，大家普遍认同的档案概念是：国家机构、社会组织或个人在社会活动中直接形成的有价值的各种形式的历史记录。这里指的是普遍存在的、一般意义上的档案，其价值作用对象可以是组织，也可以是个人。

《中华人民共和国档案法》（以下简称《档案法》）[①] 第二条对档案的表述是："本法所称档案，是指过去和现在的机关、团体、企业事业单位和其他组织以及个人从事经济、政治、文化、社会、生态文明、军事、外事、科技等方面活动直接形成的对国家和社会具有保存价值的各种文字、图表、声像等不同形式的历史记录。"《档案法》所称的档案，是指法律监管范围的档案，从法律上明确了国家管理档案的范围，专指"对国家和社会有保存价值的档案"，而并非一般意义的档案。

一般意义上的档案概念包含了以下五个方面的涵义：

1. 档案的形成主体是各种组织机构和个人

档案形成主体大致包括两方面：一是组织机构，包括国家机构、政党、军队、事业单位、企业、社会团体以及其他社会组织；二是个人、家庭和家族。档案的来源十分广泛，任何组织机构和个人都会形成档案。档案连着你、我、他。

2. 档案的形成客体是社会活动

档案是人类社会活动的产物，档案形成并存在于人类社会活动，档案记录的对象是人类社会活动，人类社会活动的内容决定了档案记录的内容。未被人类记录下来的自然界的信息不是档案，自然界的信息成为档案需要两个条件：第一，它们被记录；第二，记录者是人。丰富的人类社会活动决定了档案内容的多样性。人类社会一切活动都会形成档案。档案无处不在、无所不记。

3. 档案是直接形成的

与图书、资料等不同，档案是特定的形成者在当时当地直接、自然地形成的，是人类社会活动不可分割的组成部分，是第一手的材料，而不是事后编写或随意收集的材料，更

[①] 《中华人民共和国档案法》于1987年9月5日第六届全国人民代表大会常务委员会第二十二次会议通过。2020年6月20日，第十三届全国人民代表大会常务委员会第十九次会议修订，自2021年1月1日起施行。

不是凭空杜撰的材料。档案具有原始记录性特点，档案的真实性、完整性以它所针对的人类社会活动为依据，如文稿的修改痕迹、当事人签名手迹、单位原始盖章等，都反映了历史面貌、自然状态。

档案的原始记录性也是档案的根本价值所在，保管保护好档案，最根本的就是要维护档案的原始性，保持档案的历史面貌。

4. 档案是有保存价值的历史记录

文件是为处理某一事情而产生的，是自然形成的。但并不是所有的已办理完毕的文件材料都会转化为档案，只有那些对今后有查考利用价值的文件材料，才会被继续保存下来。也就是说，只有那些有保存价值，已经办理完毕并经过规范整理的文件材料才能转化为档案。档案是办理完毕的、具有查考价值的、集中保存起来的、已经成为历史记录的文件材料。

5. 档案的实存形态是多种多样的

档案历史记录是一种客观存在，根据人类社会活动的需要，通过不同的记录方式和载体形式表现出来，并随着社会的发展、科技的进步而不断变化发展。档案的记录方式有文字的、图表的、声像的、数码的等等。档案的载体，古代主要有纸草、龟甲兽骨、泥版、金属、石材、竹木、贝叶、缣帛、纸张等；近现代主要有纸张、胶片、磁带、磁盘及各种实物等。

（二）档案的性质（属性）

档案是一种原始信息记录。相对于图书、资料等信息记录，档案有其独有的特性。档案的性质即档案的属性，包括本质属性和一般属性。

1. 本质属性：原始记录性

档案是人类社会活动中直接形成的，具有很强的原始性；档案又是以具体内容体现社会活动的历史记忆，具有历史记录性。原始性和历史性的结合是档案的独有标志，原始记录性就是档案的本质属性，这是档案区别于其他事物尤其是相邻事物（如图书、文物、资料等）的本质所在。一定的历史条件和社会实践产生相应来源、内容和形式的档案，并使档案自然地分门别类，同时又构成一定档案之间固有的联系。

2. 一般属性：知识性和信息性

（1）档案具有知识性。

档案是人类认识和改造主客观世界的智慧的结晶，它记载了人类社会活动中大量有知识价值的事实、数据、成果和理论，包含了经济、政治、科学、文化等各方面知识的材料，是由个人、组织机构以至整个国家、社会逐步积累起来的原生态知识。所以，档案是储存知识的一种重要载体。在人类社会文明的历史中，如果没有档案，便失去了连续地、全面地直接记录和积累知识的原载体。

档案不仅有储存知识的功能，并且具有传播知识的功能。它的知识传播功能不仅有空间扩散性，而且有历史的延续性，它可以将人类知识世代相传，使之连绵不断。从古代史官守藏档案，他们的知识子孙相传，到打破"学在官府"制度，将档案中积累的知识在民间传播，直至近现代文化科学技术发展中对档案文献的广泛利用，都证明档案是人们获取知识的重要途径之一。因此，档案是人类社会进行精神再生产和物质再生产的一种重要智力资源。

（2）档案具有信息性。

档案是重要的信息资源。档案信息作为信息家族中的一员，具有信息的一般属性，如中介性、可替代性、可传输性、可分享性等。同时，档案信息又具有自身的某些特征，主要表现为原始性和回溯性。

档案信息的原始性。按照信息的特征和机能，可以将信息分为原始信息和加工信息。原始信息是指用数字和文字对某一项活动所做的最初的记载，对原始信息进行不同的加工处理，才成为加工信息。档案与图书、资料等其他信息相比，具有显著的原始性特征。档案信息的这种原始性，使它具备了其他信息形式无法替代的证据作用。

档案信息的回溯性。从文件到档案的转化是有一个过程的，因此，档案信息与其所反映的社会活动内容及该项活动的真实过程必然有一定的时间距离。正是这种时间距离，使档案信息具备了回溯性的特征。档案一旦形成，就成了过去社会活动的记述，即历史的记述。东汉王充《论衡·谢短篇》中说：知古不知今，谓之陆沉；知今不知古，谓之盲瞽。档案信息的这种回溯性特征，使之成为贯通古今的信息。

此外，档案还具有文化性、社会性等特点。

(三) 档案与图书、文物和资料的联系与区别

图书、文物和资料都具有知识性、信息性，与档案有共同之处，相互间存在一定联系，但在形成规律和性质上三者有不同的内涵。为便于掌握档案概念，加深对档案性质的了解，有必要分析一下档案与图书、文物和资料的共同性与差异性。

1. 档案与图书

档案与图书都是人们认识和改造主客观世界的记录，共同具有知识性、信息性，是储

存知识、传播知识、传递信息的工具，是人类智慧的结晶，两者源于社会实践又反过来为社会实践服务。但两者也有一定区别，具体如下：

（1）来源不同。档案是来源于人类社会活动的直接的原始记录，是历史记忆，往往是孤本，具有资源的不可再生性；图书以供人们阅读为目的，可以是印刷品、复制品，没有原始记录性要求，可以反复印刷或复制。

（2）价值不同。档案是由原始记录直接转化而来的历史记录，是历史的真迹；而图书则是人们在事后为了开展社会教育、传播知识的需要编写的，具有参考价值。档案除具有图书的储存和传播知识的功能外，还有独有的证据价值。

（3）信息表现方式不同。档案是原始的、第一手材料，所记载的信息具有内容丰富但保存分散、价值巨大但隐性存在的特点，需要通过研究、编辑、开发，变分散为集中、变隐性为显性。而图书则不同，它是经作者研究、编著而成的，内容集中、系统，价值显性。

2. 档案与文物

文物是人类在历史发展过程中遗留下来的遗物、遗迹。档案与文物都是人类社会发展、进步的产物，也是人类社会文明发展的标志。档案具有知识性和信息性，绝大多数文物也有一定的知识性和信息性。由于两者存在着不少共同的特性，有时候会出现某些事物既是档案又属文物的情况。一般来说，有明确、清晰记录符号的，就是档案，如载有文字的甲骨、青铜器、石碑、竹简木牍等；而没有记录符号的青铜器、生产工具、兵器、生活器皿等历史遗物，就是文物而不是档案。

文物和档案虽然有交叉，有时甚至难以区分，但还是可以发现两者的区别：

（1）文物与档案产生的主观意志不同。文物产生之初是人们为了生产、战争或日常生活的需要，是无意识形成的，并非为了供日后考古研究才产生的。而档案则是人们在文件办理完毕，完成现行使命后，认为还有使用价值，于是进行了有意识的整理和保存。

（2）信息内容的要求不同。档案信息侧重于原始性和记录性的统一，要求提供明确的、清晰的信息，能说明某一历史事实。没有文字等记录符号信息内容的，不能算作档案。而文物则侧重于事物的本原性，不强求有明确、清晰的历史记录。文物以实物证实历史，而档案以文字等记录符号记述历史。

（3）实存形态不同。文物是有文化价值的历史遗留物，其形态主要是过去人们直接使用的实用性物品，如器皿、衣服、建筑等。而档案的实存形态主要是文件材料。档案价值往往从文件材料之间的联系上去衡量；而文物则是对单个事物的认识和判断。

3. 档案与资料

资料是与档案最接近、关系最密切的事物。由于两者记录方式、载体形态相同，加上从逻辑上讲两者的外延有大量重合，两个概念很容易混淆，人们常常误将档案叫作资料，如"工程资料""会议资料"等。但仔细分析两者的内涵，还是有区别的：

（1）来源不同。档案是组织机构和个人在社会实践活动中直接形成的文件材料转化而来的，具有直接性、固定性；资料则是通过购置、复制、交换得到的或自行编制形成的，是间接的、不确定的。

（2）价值不同。档案具有证据价值；而资料则是为了工作查考之需搜集来的，只有参考作用而无证据价值。

（3）保管要求不同。国家规定了有关文件材料归档移交和档案安全保管等法律监管要求。资料则是可以由组织机构和个人自行处置的，国家没有明确的强制性规定。

档案与资料在一定条件下是可以转化的。档案经过编辑加工，出版印刷编研成果，也可以进行复制，这样就转化为资料。资料被用于工程建设、科学研究等活动，成为这些活动历史记录的一部分，就有可能转化为档案加以保存。

三、档案的分类方法

档案的类型是多种多样的，不同类型的档案，其记录方式、载体、内容又千差万别。档案分类方法很多，有学术研究上的分类、国家档案资源建设上的分类、档案实体整理上的分类、档案信息编目上的分类等等，以下列举的是常见的学术上的分类。

（一）按形成时间分

按我国档案形成的不同历史时期，可以分为两大类：新中国成立前的历史档案和新中国成立后的当代档案。

1. 新中国成立前的历史档案

（1）历代王朝时期的档案。我国历代王朝在国家内政外交管理过程中，形成了不少档案。由于受当时社会生产力水平的限制，档案保管条件较差，加上社会动荡，留存下来的档案不多，特别是元代以前的档案，保存下来的很少。元代以前的档案主要保存在国内外的博物馆等机构，辽宁省档案馆保存有6件唐朝档案，西藏自治区档案馆保存有部分元代档案。相对保存完好的是明、清两代国家机构的档案。目前，明、清两代国家机构形成的档案主要保存在中国第一历史档案馆和辽宁省档案馆，台北故宫博物院、台湾"中央研究院"近代史研究所档案馆也保存了一部分。一些地方档案馆保存有少量明代档案和部分清代档案。

（2）民国档案。民国档案是指1949年10月1日中华人民共和国成立之前民国政府各个时期形成的档案。包括中华民国临时政府、北洋政府和国民党政府以及汪伪、伪满洲国傀儡政权统治时期的机关、军队、企业事业单位及其他组织、著名人物形成的档案。相对于历代王朝档案，这一时期的档案留存下来的多一些，但完整性、系统性还是比较欠缺。民国档案主要保存在中国第二历史档案馆、辽宁省档案馆和台湾"国史馆"、台湾"中央研究院"近代史研究所档案馆，其他主要保存在各级地方国家综合档案馆。

（3）革命历史档案。革命历史档案是指1919年"五四"运动到1949年10月1日中华人民共和国成立以前整个新民主主义革命时期，中国共产党及其领导下的人民政权、军队、企业事业单位及其他革命组织、革命活动家形成的档案。这些档案记录和反映了中国共产党领导的全国各族人民革命斗争情况。由于战争期间颠沛流离，留存下来的档案较少，但十分珍贵。目前这部分档案中的中央机关档案主要保存在中央档案馆，其他革命历史档案保存在各级地方国家综合档案馆。

2. 新中国成立后的当代档案

新中国成立后的当代档案是指1949年10月1日新中国成立以来，各级国家机关、团体、企业事业单位及其他组织形成的档案，包括各级各类档案馆保管的档案。这部分档案记录和反映了我国社会主义革命和建设的历史，特别是记录和反映了改革开放和社会主义现代化建设，建设中国特色社会主义的伟大实践，是我国国家管理的档案中数量最多、内容最丰富、保存最完整的档案。

（二）按形成领域分

1. 文书档案

文书档案是反映党务、行政管理等活动的档案。党的建设和经济、政治、文化、社会管理以及机关单位内的党群事务、行政管理、财务管理、专门业务管理等档案，都属于文书档案。文书档案具有来源复杂、涉及面广、内容丰富、形式规范等特点。

2. 科学技术档案

科学技术档案是反映科学技术研究、生产、基本建设等活动的档案。这类档案表现形式丰富多样，有文字、图纸、表格、计算材料、照片、影片、录像和录音等。常规的科技档案包括科研档案、生产技术档案、基本建设档案、产品档案、设备档案等。科学技术档案具有专业性、成套性、现实性、效益性等特点。

3. 专业档案

专业档案是反映专门活动领域的档案。这类档案体现了一些单位或部门从事专门活动、履行专业职能的历史面貌。专业档案具有专业性强、文件格式统一、程序规范等特点，有其独特的管理方法和要求。

(三) 按所有权性质分

1. 公共档案

公共档案是国家机构或其他公共组织在公务活动中形成的为国家所有的档案。公共档案的形成、管理、利用等各项工作，受法律调整，接受法律监督。属于同级国家档案馆进馆范围的公共档案，一律由本单位档案机构归档保存，一定年限后，需移交同级国家档案馆集中保管。公民有权利依照规定利用公共档案。

2. 私人档案

私人档案是私人或私人组织在实践活动中形成的、为私人所有的档案。如各种动产、不动产、债权债务协议票据，家用电器设备安装使用说明书、维保单、个人信札日记、文稿笔记、影像记录、电子文件，私人组织档案等。这些档案对私人组织运行、对公民个人或家庭生活都起着积极作用。私人档案在不危及国家、集体、他人利益的前提下，所有者可以自行处置。

(四) 按载体形态分

1. 纸质档案

纸质档案是以纸张为记录载体形成的档案。造纸术发明以前，我国在很长一段时间大量使用竹简、缣帛为载体形成档案。西汉初年，因对传播发展的需求，纸作为新的书写材料应运而生，我国甘肃省多次发现西汉麻纸残片——西汉时期放马滩纸、肩水金关纸、马圈湾纸（敦煌残页）、金关纸、敦煌纸。其中"放马滩纸"为西汉初期（公元前179年—前143年）的纸质地图，不仅是迄今发现的世界最早的植物纤维纸，也是世界最早的纸质地图实物和最早的纸质档案。汉代以后，逐步由简、帛、纸并用过渡到以纸张作为撰写文书的主要载体。以纸张为记录载体的档案，是目前我国档案馆（室）保存的档案中主要载体形态。

2. 非纸质档案

非纸质档案又称特种载体档案，有纸张发明以前我国古代的甲骨档案、金石档案、简牍档案、缣帛档案等，国外早期的纸草档案、泥版档案、羊皮纸档案等。也有近现代的胶片、磁盘、光盘等新型载体材料。还有印石、锦旗、金属物等各种实物形态档案。

甲骨档案，是以龟甲和兽骨为材料刻写文字形成的古代档案。在我国考古挖掘中，发现了商、周、汉等朝代形成的甲骨档案，其中商代甲骨档案是我国现存最早的系统的官府文书。

金石档案，是铭文档案和石刻档案的总称，是将文字刻铸在青铜器、铁器、石头上形成的档案。商和周代将记载王族恩赐、征战经过、诉讼裁判等重要内容的铭文铸在青铜器上，称为金文或钟鼎文。春秋时期，冶铁业有很大发展，一些重要事情和法令铸在铁鼎上。也有的将重要的记载和规定刻在石头上，如王公征伐、祭祀、游猎等。这些铭文、石刻记录有相当一部分被保存了下来，称为"金石档案"。

简牍档案，是指在竹简、木牍上书写文字形成的档案。周代和春秋战国时期，人们习惯将文件、书籍书写于竹简、木牍上。事情简单、字数不多，写在狭长的单片竹简上；事情重大，要写很多字，则简片连编起来汇集成册。所以，在我国，最早对文件和档案的称呼，见诸文字的叫作"册""典"。

缣帛档案，是用丝织品作为书写载体而形成的档案，又称为帛书。春秋战国时期，出现了大量缣帛档案。湖南长沙楚墓出土的形成于战国时期的帛书，是现存最早的缣帛档案。用缣帛书写的文件可以舒卷，一份文件可以卷成一卷、一轴，所以又称"卷""卷轴"。

新型档案，随着科学技术的发展，出现了以新型材料为载体和记录方式的新型档案。如：以感光、磁性材料等为载体，用拍摄、刻录、录制等方式记录形成的档案。

3. 电子档案

随着计算机技术、通信技术和网络技术的发展，办公自动化、电子政务、电子商务的兴起，产生了电子文件，它是以数码形式记录于磁带、光盘、磁盘等载体，依赖计算机系统阅读、处理并可在通信网络上传输的文件。根据《电子档案移交与接收办法》（国家档案局档发〔2012〕7号）的表述，电子档案，"是指机关、团体、企事业单位和其他组织在处理公务过程中形成的对国家和社会具有保存价值并归档保存的电子文件"。

此外，按记录方式分，有文字、图表、声音、图像等类型档案。不同载体与记录方式的档案，有不同的保管要求。

四、档案的价值与作用

（一）档案价值的不同形态

档案价值是指档案对国家、社会组织或个人的有用性。它是主体需要（档案利用者及利用需求）和客体属性（档案内容、载体、类型）的统一与结合。客体的属性是构成档案价值的基础，主体的需要是构成档案价值的前提。两者相互联系才能决定档案的价值。

档案价值主要有以下不同形态：

1. 第一价值与第二价值

从档案价值主体对象来看，可分为第一价值、第二价值。第一价值，是指档案对于其形成者所具有的价值，其价值主体是档案形成者；第二价值，是指档案对社会利用者所具有的价值，其价值主体主要是非档案形成者。一般来说，第一价值的实现是在各单位档案室，第二价值的实现是在档案馆。

档案面对不同主体体现的不同价值，体现了档案价值的阶段性、多面性。档案人员在确定档案归档范围、进行档案价值鉴定及其他各项工作时，既要保证档案第一价值的实现，即为本单位服务，还要考虑档案第二价值的实现，即为社会各方面服务。

2. 现实价值与长远价值

档案价值主体不同，其实现时间也是不同的，据此，档案价值又可分为现实价值与长远价值。档案的现实价值是指档案对当前社会活动所起的作用，通常又称现行价值。现行价值的主体是档案形成者及其相关组织和个人，社会活动包括经济、政治、军事、文化、宗教、社会事务等当下社会生活方方面面。档案的长远价值，是指档案除了能为现实工作、学习和生活提供有关服务外，还将对未来产生影响，能在未来对社会各方面产生作用。长远价值对象由档案形成者扩展到社会各方面，时间由当前延伸向遥远的未来。

3. 证据价值与情报价值

根据档案的属性，档案又具有证据价值和情报价值。

所谓证据价值，是指档案可以成为法律诉讼、争端处理、权属确认、责任区分等活动的有效凭据。这主要缘于档案的原始记录性这一本质属性，档案的这种原始记录性是以内容的真实性和当时当事人历史的手迹、原始标记为保证的，能经得起科学的、历史的检验。

档案又具有知识性和信息性，因此，档案具有参考价值即情报价值。档案与报刊、图书、资料等一样，是一种参考资料、情报资料，而且是具有原始性、可靠性的情报资源。人们可以借鉴档案提供的情报信息，有效开展各项社会活动。有时候，档案内容或许是不完整的不真实的，甚至有造假的成分，但档案留下了当事人的行为痕迹，反映了档案形成者的认识水平和原来的意图，仍然是真实的历史记录，仍然具有可靠的情报价值。

4. 利用价值与保存价值

利用价值是针对档案的具体用途而言，即指某一（或一部分）档案对具体的利用者的具体意义和作用。如某份学籍档案中有关某一学生在校学习成绩的记录，对该学生升学、谋职或出国留学等起到一定的证据和参考作用。档案的利用价值是有多种具体形态、多层次的，不同价值主体、不同阶段，其具体利用价值不同。档案的保存价值实际上指档案是否具有被保存的意义，它以保存时间长短来体现。因此，从这个意义上说，档案的保存价值也就是指档案具有利用价值的时间限度，保存价值的外在体现就是档案的保管期限。档案利用价值是档案保存价值的基础，保存价值是利用价值的时间限度，档案保存价值实质上是指利用价值大于其保管的代价。

（二）档案作用的表现

档案作用是指档案对人们实践活动的影响，是档案价值关系在社会活动中的具体体现。价值相对为抽象概念，作用则是具体的；价值是稳定的、被动的、潜在的，而作用则是动态的、主动的、显现的。让档案价值发挥作用，就是通过档案人员的积极有效努力，使潜在的、被动状态的档案价值，主动发挥现实作用。

1. 档案是工作查考的主要依据

各类组织机构既是决策机构，又是办事机构。既要进行科学决策，又要切实组织实施，同时需要处理一些日常周而复始的事项，需要前后呼应，一以贯之。领导和工作人员为此需要通过查阅档案记录，了解历史、制订计划、处理事务，使决策更科学，办事更高效。没有档案记录，任何组织机构都难以保证其决策、管理上的连续性、科学性。可以说，档案为工作开展提供可靠凭据，起着重要的帮助作用。

2. 档案是文化传承的重要载体

档案是丰富的文化资源，记载了社会物质文明、政治文明、精神文明、生态文明建设的历史。社会文化的发展是具有历史延续性的，档案承载了文化，档案的存在和发展是文化发展延续性的重要基础和条件。档案是重要的文化传播媒介，人类社会的文化在档案中得以积淀、传播、发展与进步。档案是人类文明进步的阶梯。

3. 档案是经济建设的宝贵资源

在经济建设过程中形成的大量档案信息，完整记录了基础设施建设与设备购置、工农业生产和服务业、产品研发推广应用等过程的历史面貌，是开展项目与设备管理、生产与经营管理、科研与技术管理的重要依据。凭借这些档案，可以有效进行项目的运行、维护，可以顺利地开展企业技术改造，可以积极进行产品的升级换代，可以维护国家、企业、公民个人的合法权益。档案是经济发展的无形资产，是经济建设的宝贵资源。

4. 档案是科学研究的可靠依据

档案记录了事物发生、发展、变化的历史和规律，保存了相关领域科学研究状态、基础数据、观测记录和统计分析材料。科研工作者通过查阅以往科研档案记录，能了解相关内容科学研究现状，掌握充分的基础数据，占有丰富可靠的第一手材料。无论是自然科学研究，还是社会科学研究，只有以档案为可靠依据，才能科学地把握事物发展规律，准确地阐明历史发展的脉络。

5. 档案是政治斗争的有力工具

历代统治者为本阶级利益的需要，都十分重视档案的收集和保管。因为档案记载了经济建设、社会政治的方方面面，是国家统治、军事外交、经济科技发展的缩影。掌握了档案，就掌握了国家的记忆与历史，就掌握了阶级统治的主动权。每当发生战争或政权更迭时，档案往往成为双方重点争夺的资源，成为阶级统治和政治斗争的工具。

6. 档案是宣传教育的生动素材

档案真实、系统、生动地记录了宏大的历史和丰富的事件、人物，它包罗万象，既有经济、政治、军事，又有文化、科技、社会，是开展宣传教育的第一手材料。通过档案来进行宣传教育，既真实、直观、生动、形象、具体，又有很强的说服力和感染力。

（三）档案发挥作用的规律

档案价值是客观存在的，但价值的实现即作用的发挥是有规律的。研究档案发挥作用的规律，便于指导档案工作实践，促使人们在档案工作中尊重客观规律，做好每一项具体工作。档案发挥作用的规律主要表现在以下四个方面：

1. 档案作用范围的递增律

档案自形成之日起，即可发挥特定的作用，其作用的范围逐渐扩大。时间愈长，范围愈广，时间与范围成正比，呈递增趋势。

档案是在其形成者所开展的某项活动中产生的，所以，它首先是对各自的形成者发挥作用。形成者在以后的实践中会经常不断地查考利用自身形成的档案，这也是档案形成的初因。这时，档案作用的范围，仅局限于其形成者。但随着时间的推移，档案作用的范围逐渐扩大，社会上各组织和个人，都需要利用有关档案。这时，档案不仅对其形成者，而且对国家和社会都有用。

档案作用范围的递增规律，要求处理好档案发挥作用过程中当前与长远、局部与整体的关系。档案形成后先存放在形成单位档案室，若干年后要向档案馆移交。对于一个单位的档案室来说，它所保存的档案，不仅是该单位的档案，也是国家全部档案中的一部分。不能因为对该单位已无用而随意毁弃档案，也不能因为只考虑形成单位利用而长期滞留，影响社会利用。对于档案馆来说，它所保存的档案是从各单位接收来的，要根据有关法律法规的规定接收，不能过早，以免影响各单位的利用；也不能过晚，以免妨碍社会对档案的利用。

2. 档案秘密程度的递减律

档案是历史的产物，有的档案涉及国家秘密、商业秘密和个人隐私，需要在一定时间一定范围内控制使用。所以，这部分档案在这一阶段有一定的秘密性。档案的秘密程度有不同等级，确定之后，随着时间的推移和环境的变化，需要进行及时地调整。从总体上看，随着时间的推移，档案的秘密程度将愈来愈小，时间与秘密程度成反比，呈递减趋势。

3. 档案作用的转移律

档案在阶级社会中是统治阶级的一种工具，但是，档案同时又是开展各项工作、繁荣科学文化事业的必要条件。随着改革开放和现代化建设事业发展的需要，档案的作用转移到主要用于经济建设和科学研究、文化教育、社会事业等方面。从这一转移，大致可以看出这样一个规律：即档案作用是由社会需要决定的，社会的需要在各个时期不断变化，档案发挥作用的主要方面也随之变化。

4. 档案发挥作用的条件律

档案的作用不会自动地发挥出来，它是潜在的，需要具备一定的条件才能实现。档案作用的发挥受到以下三个方面条件的制约：

（1）受到社会发展水平的制约。档案和档案工作所处的社会环境是不断变化的。不同的社会制度，不同的历史发展阶段，不同的路线、方针、政策，对档案的需求不同，档案作用发挥的程度也不同，档案的作用受到了社会发展水平的制约。在奴隶社会、封建社会，档案的作用是很有限的，主要为政治斗争服务。资本主义社会，档案得到了较为广泛的利用，但在私有制的限制下，档案的作用仍受到很大的制约。社会主义社会为充分发挥档案的作用，使之造福于人民创造了良好的社会环境。但即使在优越的社会制度和良好的社会环境下，也要有正确的方针、政策，如果方针、政策有误，也会不适当地限制、甚至埋没了档案的作用。

（2）受到人们对档案和档案工作认识水平的制约。档案的作用是通过人们在日常活动中反复利用而发挥出来的。因此，档案作用发挥的程度取决于人们的利用程度。人们对档案的利用，又取决于人们对档案和档案工作的认识和重视程度。实践证明，凡是对档案的作用有足够的认识，对档案工作比较重视的地区或单位，档案的作用发挥就比较好。为此，必须大力加强档案宣传工作，提高人们对档案和档案工作的认识程度，增强全社会的档案意识。

（3）受到档案管理水平的制约。充分发挥档案作用的前提是做好各项基础业务工作。也就是说，只有把档案收集齐全，并进行规范整理，安全保管，才能保证便捷、高效地开展服务利用工作。如果基础工作不扎实，会极大地影响档案的查全率、查准率。同时，要更好地发挥档案的作用，还必须加快档案信息化和现代化建设，进一步提升档案服务利用的水平。

第二节 档案工作的内容及性质

一、档案工作的内容及其相互关系

档案工作是用科学的原则和方法管理档案，为社会各方面服务，维护党和国家历史真实面貌的一项重要工作。档案工作的内容有广义、狭义之分。从广义上看，档案工作包括宏观的档案事业管理和微观的档案管理活动。从狭义上讲，档案工作就是指档案馆（室）开展的具体档案业务工作，即档案的收集、整理、保管、鉴定、统计、检索、开发利用等活动。通常所说的档案工作，是指狭义的档案工作。

（一）档案工作的基本内容

档案工作的基本内容包括档案的收集、整理、保管、鉴定、统计、检索、提供利用等过程，通常称为档案工作的七项业务环节。

档案的前身是文件，而文件是随着社会活动分散形成的。文件办理完毕后，为便于查考，需要对分散的文件加以挑选，择其有继续保存价值的文件，经归档整理后，集中保存在形成单位档案管理机构。过了若干年后，其中具有长远保存价值的档案，应当按照规定移交有关档案馆保存，这就形成了档案的收集工作。档案收集工作是档案由分散到集中的过程，它是档案工作的起点，也是档案工作的首要环节。

收集起来的档案是相对零乱的，因为档案数量较多，内容复杂，为了便于管理和利用，需要对零乱的档案进行分门别类，加以条理化，使之规范有序，这就形成了档案的整理工作。档案整理工作是指档案由零乱到系统，从无序到有序的过程，它是档案工作的基础。

随着时间的推移，由于自然的和人为的各种因素影响，档案总是处于渐变性的自毁过程，甚至可能遭到突变性的破坏，比如，纸张发黄变脆、字迹褪色，或遭受火烧、水淹、虫蛀、霉变等等。为了解决档案的不断损毁与长远利用的矛盾，就需要对档案加以妥善的保管，采取各种有效的保护措施，保证其完整与齐全，最大限度地延长其寿命，这就形成了档案的保管工作。

档案数量日益增多，有些档案失去了保存价值，为防止档案庞杂，就需要剔除那些丧失了保存价值的档案并予以销毁，还要区分不同档案的保存价值，以便分级保管，发挥重要档案的作用，这就形成了档案的鉴定工作。

对档案进行科学管理，需要对档案和档案工作的情况进行全面了解，做到"心中有数"。因此，对档案和档案工作状况进行数量的统计、分析和研究，就形成了档案的统计工作。

档案数量很多，基本上是按自身形成规律整理和存放的，但社会各界利用档案的要求则是特定的，又是多方面的。利用者面对浩如烟海的档案，要查找自己所需要的档案材料，犹如"大海捞针"，这就需要编制成套的检索工具，从各种途径揭示档案的内容和成分，供档案人员和利用者使用，以解决数量庞大的档案资源与利用者特定需要的矛盾，这就形成了档案的检索工作。

保存档案的目的是提供档案为社会各界服务，充分发挥档案的作用。为了能使档案的作用及时、充分地发挥出来，需要我们开辟各种途径，采取各种方式方法，进行研究挖掘，向利用者介绍档案馆（室）藏，提供档案信息服务，这就形成了档案的开发利用工作。

（二）档案工作各项业务环节之间的关系

档案工作各项业务环节之间的关系主要从以下几方面体现：

第一，档案工作各项业务环节都有各自不同的工作内容、特点和要求，每项工作都是整个档案工作的重要组成部分，都是必不可少的、相对独立的一个环节。

第二，档案工作基本业务环节的划分是相对的，而不是绝对的。在工作步骤上，不能按档案工作各项业务环节机械地划分先后次序，而应注意各业务环节间的衔接，以及相互交叉、渗透和影响，做到全面、统筹、协调发展，共同提高。

第三，档案工作各项业务环节是彼此依存、相互制约的一个有机整体，不能把各个业务环节割裂开来。比如，收集工作必须与整理、鉴定工作相结合，收集档案应同时考虑到档案的质量和价值以及今后的利用；又如，整理工作要与检索工作相结合，编制检索工具的档案，必须是已经整理的档案，这部分档案不能轻易地打乱重新整理，否则，会使检索工具与档案实体不相对应，从而导致检索工作的混乱。

第四，从档案工作各项业务环节的相互作用中，可以看出它们之间的一种最基本关系，即档案的收集、整理、保管、鉴定、统计、检索等各项环节，都是为档案开发利用工作创造条件的，因此，它们都属于基础业务工作范畴。这样，整个档案工作的内容可以划分为两个方面，即基础业务工作和开发利用工作。基础业务工作为开发利用工作提供物质基础，创造工作条件，没有基础工作，便无法开展开发利用工作；开发利用工作直接体现了档案工作的目的和方向，它既反映了基础业务工作的成果，又向基础业务工作提出了要求，促使基础业务工作更进一步，没有开发利用工作，基础业务工作则失去了存在的意义和工作的目标。

实践证明，这两方面工作的关系是对立统一的，必须妥善处理它们之间的关系。过分地重视基础业务工作而忽略开发利用工作，会使开发利用工作处于停滞状态，工作进展不大；过分地强调开发利用工作而轻视基础业务工作，会使工作没有后劲，同样得不到发展，因此，两者不可偏废。

二、档案工作的基本性质

长期以来，对档案工作的性质有过很多讨论，归纳起来，从档案的主要作用和特点来看，它是一项服务性、政治性、管理性、文化性的工作。

（一）档案工作是一项服务性工作

档案工作是通过管理档案和提供档案信息为各项工作服务，这是档案工作区别于其他工作的主要特点。档案工作的服务性表现为它是其他各项工作的基础和条件，因此，也有人把它称为一项基础性、条件性的工作。

档案工作的服务性，是档案工作赖以存在和发展的条件。古今中外，一切档案工作都是为一定的经济、政治、文化、社会等事业服务的，离开了这一点，档案工作就不会存在，也不会发展。实践证明，不论什么地区或单位，档案工作都与各项工作紧密联系，积极开展服务利用工作，这个地区或单位的档案工作就能迅速发展，档案工作的地位和影响也就得到相应提高和扩大。反之，如果服务性没有体现出来，档案工作的开展就会受到不同程度的影响。因此，档案人员应该充分认识到这一点，树立明确的服务思想，自觉为社会各方面提供档案信息服务。

（二）档案工作是一项政治性工作

在阶级社会中，档案工作从来都是为统治阶级服务的，从这一点来说，档案工作又是一项政治性的工作。在我国，档案工作不是一般的服务性行业，而是在国内、国际政治斗争中，为维护广大人民利益，巩固人民民主专政，保护党和国家秘密安全的重要工作。当前，档案工作要为全面深化改革和现代化建设服务，这就是档案工作政治性的体现。

档案工作还有一定的机要性，这是由档案本身的特点以及档案关系国家利益、集体利益、个人利益所决定的。任何国家的档案工作都有一定的保密要求，这是因为，一个国家的档案，记载了这个国家的经济、政治、军事、科学技术等方面的真实情况，其中有部分档案内容涉及国家利益，需要保密。同样的，任何组织机构形成的一些档案内容涉及组织机构利益，需要保密。各级各类档案馆和档案室保存的档案中有的涉及个人隐私，也需要保密。对涉密档案，要在一定时间和范围内做好保密工作，以保证档案秘密安全。档案人员必须树立正确的保密观念，遵守保密法律法规，坚持保密原则，以维护国家、集体和个人的利益。

档案工作的政治性还体现在维护档案的真实性方面。在历史上和现实社会中，有的人出于政治和经济等目的企图篡改档案，歪曲事实，档案人员要讲政治，坚持实事求是，维护党和国家的历史真实面貌。

（三）档案工作是一项管理性工作

就档案工作本身而言，它是一项管理性的工作，具体表现为：档案工作是负责管理档案的一项工作，属于一项专门业务。它不仅仅是对档案的一般管理，而是用一整套科学的理论原则和技术方法管理档案，对庞杂的档案进行研究、考证、系统管理；不仅仅是对档案实体的管理，而且还需要对档案信息进行管理并开发利用。

同时，档案工作还是各项管理工作的重要组成部分。在组织机构，档案工作是该组织机构管理工作的一部分；在各项工作中，档案工作都是该项工作的组成部分。比如，人事管理离不开人事档案，财务管理离不开会计档案，人事档案工作和会计档案工作，分别是人事管理和财务管理的一个重要组成部分。因此，要求档案人员掌握档案业务知识以及管理学、相关专业知识和信息技术等知识与技能。

（四）档案工作是一项文化性工作

文化是一个不断发展的历史过程，延续文化传统离不开对前人文化的学习、继承和创造，同时，文化必须通过人的后天学习，才能得以继承。档案作为历史文化的"原生态"记录，是历史文化遗产，更是人类文化和文明发展的基础。档案是一个传承纽带，人们利用档案创造新的文化成果，成为当今文化的组成部分，又通过档案为后人的文化创造积累丰富的文化财富，使人类文化衍生出独特的历史继承性。

通过开展档案工作，国家的文化资源得以积累、存储和传承。因此说，档案工作是一项传承文明、传播文化的工作，是一项文化性的工作，是国家文化事业的重要组成部分。同时，随着我国文化事业的不断繁荣，也将进一步推动档案工作的开展。

第三节 档案管理的组织体系

按照我国《档案法》等法律法规的规定，根据统一领导，分级管理的原则，对国家的全部档案和全国档案工作，必须设置全国规模的档案机构进行管理。各单位的档案，由单位内设立档案室（处、科）集中管理；各单位形成的需要长久保存的档案和历史档案，设立各级各类档案馆统一保管；全国的档案工作，由各级档案行政管理机关统一、分层负责地进行监督和指导。这些档案保管机构和档案行政管理机构，在全国范围内构成了一个严密、完整的组织体系。

一、档案室

档案室是各组织（包括机关、团体、学校、工厂、企业、事业单位等）统一保存和管理本单位档案的内部机构，是整个机关的组成部分，属于单位管理和研究咨询性质的专业机构。党、政、军等机关的档案室，又是机关的机要部门之一，具有机要部门性质。档案室是国家档案工作组织体系中最普遍、最大量、最基层的业务机构。

（一）档案室的性质、作用与任务

1. 档案室的基本性质

档案室作为全国档案工作体系中最基层的档案业务机构，主要表现为三个方面的性质：

（1）档案室是机关的内部组织机构。

（2）档案室是保存档案的过渡性机构。

（3）档案室的主要任务是服务于本机关。

2. 档案室的主要作用

（1）档案室是机关内具有参谋和咨询作用的部门，为机关职能活动提供档案信息支持。

（2）档案室是全国档案工作的基础。档案室是国家档案资源不断补充和积累的源泉。

3. 档案室的任务分析

档案室的基本任务是集中统一地管理本机关各部门形成的各种门类和载体的全部档案，为本机关各项工作服务，并为党和国家积累档案史料。

档案室的具体任务在《机关档案工作条例》《机关档案工作业务建设规范》等法规中有明确规定，可概括为：①对本机关文书部门或业务部门文件材料的归档工作进行指导和监督；②负责管理本单位具有长久保存价值的全部档案和相关材料，并提供利用；③定期向对应的档案馆移交具有长久保存价值的档案。

（二）档案室的常见类型

1. 普通档案室

普通档案室通常也称机关档案室、文书档案室，它主要负责管理机关的党、政、工、团文书档案。这种档案室在全国最为普遍。

2. 科技档案室

科技档案室是指保管科技档案和科技文件资料的专门档案机构。在工厂、设计院、科学技术研究院等单位一般都设有科技档案室。

3. 音像档案室

音像档案室是保存影片、照片、录音等特殊载体档案的档案室。电影公司、制片厂、新闻摄影部门、广播事业部门等单位一般都设有音像档案室。

4. 人事档案室

由于人事档案自身的特殊性，人事档案室一般与其他各类档案分开管理，有必要设置专门的人事档案室进行保管。人事档案室通常依附于机关内人事管理部门或组织部门。

5. 综合档案室

综合档案室是统一管理本单位全部档案的综合性机构。它统一管理本机关形成的各种普通档案、专门档案和特殊载体的档案，在资源配置和信息综合开发利用方面具有突出的优势。

6. 联合档案室

同一地区，特别是同一市镇内的一些机关联合起来设立一个档案机构，负责保存和管理这些单位的档案，这种机构通常称为联合档案室。

7. 企业档案信息中心

企业档案信息中心也称信息中心。它是一些大型企业在原有的图书、档案和情报机构基础上建立的，集档案、图书、情报于一体的信息管理机构。企业信息中心的设立有助于企业适应信息网络环境下信息集成管理的需要，实现信息资源的联合开发和共享。

二、文件中心和档案寄存中心

（一）文件中心

文件中心是介于文件形成单位和档案馆之间的一种过渡性的档案管理机构，它是一种社会化、集约化和专业化的档案管理机构。

文件中心主要有政府文件中心和商业性文件中心两类。政府文件中心是由县级以上人民政府建立的，为政府机关单位和社会提供服务的非营利性的文件与档案管理机构。商业性文件中心，是由有关机构或个人创办的一种营利性的档案管理机构，主要面向工商企业或个人从事文件存储、文件管理和文件服务业务。它不属于国家档案管理系统之列，但应执行国家有关的档案管理法规和标准。

（二）档案寄存中心

档案寄存中心是由国家综合档案馆或其他独立法人设立的，为各类企业、社会团体以及个人提供档案有偿寄存服务的机构。它主要是为不属档案馆接收范围的或不具备档案安全保管条件的各类企业、破产单位、社会团体、公民个人等,提供文件与档案的寄存服务。档案在寄存中心保管期间,所有权形式不变,档案馆一般只提供安全保管服务。

三、档案馆

根据我国《档案法》和《档案法实施办法》中对档案馆的分类,我国档案馆可分为国家档案馆、专业档案馆、部门档案馆、大型企事业单位档案馆四大类。

(一) 国家档案馆

各级国家档案馆,是归口中央或地方各级档案行政管理部门(或与有关部门)直接管理的科学文化事业机构,包括综合档案馆和历史档案馆。

综合档案馆主要是按行政区划设置的,收集和管理所辖行政区域内各种门类档案的档案馆。综合档案馆一般隶属于各级党和政府,收集和保管党和国家在各方面管理活动中形成的档案,是我国国家档案馆和档案事业的主体。我国的历史档案馆主要有中国第一历史档案馆和中国第二历史档案馆。

根据我国《档案法》及有关文件的规定,我国档案馆是党和国家的科学文化事业机构,是永久保存档案的基地,是科学研究和各方面利用档案史料的中心。

根据我国《档案馆工作通则》的规定,档案馆的基本任务是在维护党和国家历史真实面貌的前提下,集中统一地管理党和国家的档案及有关资料,维护档案的完整与安全,积极提供利用,为社会主义现代化建设服务。具体包括:接收与征集档案,科学地管理档案,积极地开展档案的利用工作,编辑出版档案史料。

(二) 专业档案馆

专业档案馆是专业系统档案馆和馆藏特殊载体档案馆的总称。如中国人民解放军档案馆、中国照片档案馆、中国电影资料馆、中国现代文学馆,以及城市基本建设档案馆(简称城建档案馆)等。

(三) 部门档案馆

部门档案馆是国家有关部门专门建立的档案馆。如外交部、安全部档案馆,它们永久保管本部门及所属机构形成的全部档案,不需要向国家档案馆移交。中央国家司法部门如最高人民法院、最高人民检察院、公安部等,由于所形成的档案数量大,工作查考的周期长,也需要建立档案馆,保管本部门及其所属单位形成的档案。但其中需要永久保存的档案，在本部门档案馆保存 50 年后要向中央档案馆移交。

某些中央专业主管机关形成的专业性档案的数量大，技术性和专业性强，因此建立了部门专业档案馆，如国家海洋局海洋档案馆、中国气象局气象档案馆、邮电部档案馆、核工业部档案馆等。

（四）大型企事业单位档案馆

大型企事业单位和高等院校往往都建立了自己的档案馆，这些档案馆是终极性的，负责永久保管本企事业单位所形成的档案。我国企业档案馆是 20 世纪 80 年代后期出现的一种档案馆类型。

随着我国社会主义市场经济的发展，以及政府职能的转型，还出现了一些新的档案机构，如档案事务所，它主要提供档案用品及物资的经营服务和档案业务服务，实行商业化运营。

第四节　档案管理人员素质与提升

一、档案管理人员应具备的素质

（一）政治素质

档案管理人员所接触的档案涉及领域广泛，一些档案管理人员更是管理着重要的机密文件。所以，作为一名合格的档案管理人员，拥有良好的政治素质是必不可少的。档案管理人员应当有着坚定的政治立场，拥护党的领导，认真贯彻执行党的路线、方针、政策。在档案管理工作中始终保持着严谨的工作态度，做到一丝不苟、尽职尽责、全心全意为人民服务。

（二）法律意识和保密意识

档案管理人员应自觉遵守国家法律法规，在档案管理过程中，严格按照《中华人民共和国档案法》《中华人民共和国保守国家秘密法》等相关法律法规进行工作。对于一些涉密、涉及个人隐私的档案文件，档案管理人员要做到严格保密管理，不得有意或者无意将文件内容传播，造成国家、组织或个人利益的损失。

（三）专业素质

档案管理是一项专业性的工作，需要档案管理人员充分学习和掌握相关的专业知识和方法，并有效运用到实际操作中。随着时代的进步、科技的发展，计算机技术在档案管理工作中的应用也越来越广泛，这就要求档案管理人员除了要具有扎实的专业知识外，还要熟练掌握计算机技术等一些现代化的工具和管理手段。档案管理人员还要有自主学习的意识，不断更新专业知识，改进管理思路，与时俱进，更好地适应社会的发展。

（四）职业道德素质

职业道德是档案管理人员必须具备的基本素质，档案管理人员要树立正确的世界观、人生观和价值观，热爱自己的本职工作，具备崇高的责任感。在档案管理工作中应当尽职尽责、脚踏实地、兢兢业业，不应觉得工作枯燥乏味而产生倦怠心理。档案管理人员必须要尊重档案，尊重事实，始终保持实事求是的工作态度。

（五）创新精神

在档案事业的进步与发展中，创新精神是必不可少的。档案管理人员应适应时代的发展，不断地结合新形势、新技术对档案管理工作进行改进、创新。在档案管理工作的过程中，要及时发现并解决问题，不断对管理方法、服务方式等方面进行优化创新。在档案管理制度、设备以及技术方面，档案管理人员也要不断地进行探索，更好地提升档案管理的水平和效率，促进档案管理事业的发展。

二、档案管理人员素质的提升对策

（一）加强政治理论学习，提高政治素养

档案管理相关部门应加强对档案管理人员的思想政治教育，不断提高档案管理人员的政治觉悟，提升档案管理人员对档案工作的理解，让其认识到档案工作对国家和社会的重要意义。档案管理人员要认真学习政治理论，贯彻执行党的路线、方针、政策，不断提高自身的政治素养，全心全意为人民服务。

（二）加强法律法规学习，树立保密意识

档案管理人员要认真学习《中华人民共和国档案法》《中华人民共和国保守国家秘密

法》等相关法律法规，自觉增强法律意识和法治观念。档案管理工作是一项非常严谨的工作，出现一点差错就可能造成极其严重的后果，所以档案管理人员在工作中一定要细心，并且严格按照法律法规及各项规章制度的规定进行档案管理。与此同时，档案管理相关部门应加强相关法律法规的宣传力度，通过电视媒体、微博、微信公众号等多种方式，让档案管理人员知法、懂法、守法，让档案提供及档案利用人员遵守相关的法律法规，并且做到有法必依、执法必严、违法必究。

（三）加强学习与交流

加强档案管理人员的学习与交流是提升其专业技术水平、工作能力的重要途径。档案管理相关部门应积极为档案管理人员创造多种形式的培训和交流机会，让档案管理人员通过专业的培训改进工作方式，通过接触新技术和新思路，拓宽自己的视野。与此同时，加强档案管理人员职业道德的教育也必不可少。档案管理相关部门要通过对档案管理人员的职业道德教育，明确哪些事情是必须要去做的，哪些行为是必须要杜绝的。要让档案管理人员在学习中认识到自身的责任和使命，做到诚实守信，树立爱岗敬业、乐于奉献的精神。档案管理人员不仅要积极参加培训，也应当不断养成自主学习的意识。要通过网络、书籍等多种形式加深对档案管理专业知识的理解，与身边经验丰富的同事交流，多请教档案管理领域的专家。档案管理人员一定要把学到的知识运用到实际工作中，不断实践，加强专业技术学习，提高综合素质。

（四）制定合理的绩效考核制度以及完善的激励机制

制定合理的绩效考核制度以及完善的激励机制是档案管理人员素质提升的有效措施。通过多方面的评定、考核对档案管理人员进行全面的评价，秉着公平、公正、公开的态度，对成绩优秀的管理人员进行奖励，对成绩不合格的管理人员进行惩罚，这不仅会对档案管理工作起到监督作用，还能在一定程度上提高档案管理人员对工作的积极性。绩效考核制度的制定一定要符合实际，考核标准不能过高也不能过低，并且在绩效考核的执行过程中一定要严格，不能浮于形式。另外，激励制度的制定也要合情合理，奖惩措施一定要公开透明，不可因私而奖惩某一个或几个人，造成档案管理人员心理失衡，从而造成档案管理人员之间的恶性竞争。

（5）与时俱进，不断创新

档案管理人员需要不断加强自身创新意识的培养，与时俱进、开拓创新，及时发现问题、解决问题。随着时代的发展和进步，档案管理相关部门要不断完善各项档案管理的法律法规、规章制度，应对提供虚假档案信息以及私自篡改档案内容等违法行为加大处罚力度。档案管理人员在创新的道路上也要不断学习，在实践中积极探索档案管理的新思路、新技术、新方法，提高创新能力，这样才能促进档案事业的可持续发展，让档案事业更好地为国家和社会服务。

　　档案管理工作对于国家和社会来说是一项不容忽视的重要工作，其管理质量与档案管理人员的素质息息相关。若想档案事业能够持续健康地发展，档案管理部门就必须与时俱进，不断完善相关的法律法规及规章制度，为档案管理人员创造培训与交流的机会。档案管理人员在工作和生活中也必须主动学习，开拓创新，不断提高自身的综合素质和能力。相信通过档案管理部门以及档案管理人员的共同努力，档案管理人员的综合素质一定会得到提升，档案事业的发展一定会出现质的飞跃。

第二章 档案管理的理论依据与建构设想

第一节 文件生命周期与文件运动理论

一、文件生命周期理论

所谓"文件生命周期"就是文件从其形成、使用到因丧失保存价值而被销毁，或作为档案永久保存并继续实现其社会价值的完整运动过程。这个生命周期除了文件的现行阶段，即现行文件的形成和处理阶段外，还应该包括文件保存在机关档案室（或文件中心、联合档案室、中间档案馆）和国家档案馆（或其他终极性档案馆）两个阶段。

文件生命周期理论就是研究文件运动全过程的演变规律、阶段划分、各阶段特点与联系以及相应管理行为的理论。

（一）文件生命周期理论研究的主要内容

文件生命周期理论研究的主要内容包括以下方面：

1. 研究文件的生命周期

文件从形成、运转、使用到销毁或作为档案永久（即无限期）保存，是一个有机联系的、有规律可循的、完整的运动过程（即生命周期）。

2. 研究文件生命周期划分标准

文件的全部运动过程可以区分为若干阶段，区分各阶段的主要依据或标准，通常是文件价值形态的差异及其转化程度，也可考虑其作用对象、目的与范围的差异，存在形式（含保管单位、整体结构、存放地点等）的差异等诸多因素。由于认识与把握上述依据或标准的侧重点有差异，出现了对文件运动阶段的多种划分。

3. 研究文件运动各个阶段的关系

文件运动各阶段既相互联系、相互依存，有许多共性，又相互区别、相对独立，有各自的特点与特殊运动规律。

4. 研究文件运动各个阶段的管理方法

对于具有不同特点的各阶段文件，管理和利用工作的方式、方法等必须有的放矢，有所区别。

(二) 文件不同运动阶段及其特点

文件运动的整个过程可以分为三大阶段：现行文件、半现行文件和非现行文件（即档案保管）阶段。

1. 现行文件

现行文件最突出的特点是现行性，即现实作用最为突出，在现实活动中直接使用的频率最高，与其制发者、保管者和承办者的关系最为密切。此外，它们还具有不同程度的流动性（实际存放地点可变动）、可塑性（可更改或修改，加批语等）和封闭性（一部分文件只能在形成单位内部或收、发文单位之间或特定范围内运转和使用，不得向社会公开或向无关人员扩散，有的文件还包含有国家秘密或商业秘密），以及管理者与其制发者或承办者的同一性等。

2. 半现行文件

半现行文件的基本特点是类现行性、可激活性、中间性和一定程度的内向性。所谓类现行性，是说它们所具有的，仍然主要是与现行文件相类似的"对于原机构的原始价值"，即第一价值。其作用范围、作用性质与现行文件比较接近，而根本不同于馆藏档案。所谓可激活性，是说它们还没有转化为严格意义上的"历史记录"，而是处于待命备用的"休眠"状态，并随时可能经"激活"而苏醒，从而为现实的生产、经营、工作活动所使用。所谓中间性，亦称过渡性，是指半现行文件正处于一种亦此亦彼、承前启后的中间状态，正处于从高度活跃的现行阶段逐渐向相对稳定的永久保存阶段演变的过渡时期。所谓一定程度的内向性，是指较之现行文件的封闭性，半现行文件的保密要求通常已经降低，可扩散的信息比率已经提高，可扩散的范围已经展开；与此同时，相当一部分半现行文件仍然不能开放，其主要利用者和主要作用范围仍然是形成和保管这些文件的单位或个人。

3. 永久保存阶段

永久保存阶段的非现行文件即档案馆保存的档案，具有稳定性、历史性与文化性、社会性及开放性等特点。所谓稳定性，是说进入这个阶段的档案已不再具有过渡性，已经完全成熟，多数情况下已不再被淘汰销毁，所以各国普遍称之为"档案"，也有的称之为"档案文件"。所谓历史性与文化性，是说永久保存阶段的档案作为历史记录和文化财富的性质已经非常明显和突出。因此，我国规定国家档案馆是"集中管理档案的文化事业机构""科学研究和各方面工作利用档案史料的中心"。所谓社会性，是说它们发挥作用的范围已经远远超出原形成单位或个人，扩展到社会的各有关方面、各有关领域。所谓开放性，是说这个阶段的非密档案已不需要继续保密和封闭，可以而且应该向社会开放了。所以我国《档案法》规定，除另有专门规定者外，"国家档案馆保管的档案，一般应当自形成之日起满三十年向社会开放"。

二、文件连续体理论

文件生命周期理论的核心内容，是对文件的线性运动过程及其阶段、规律、特点和相应管理要求的概括和描述。但是，文件不仅存在线性运动，它的运动又是多维、反复和连续进行的，于是便有了应运而生的文件连续体理论。

（一）文件连续体理论的内容

文件连续体理论的重要内容是，构建了一个多维坐标体系来描述文件的运动过程。

文件运动过程的多维坐标体系包括四个坐标轴——文件保管形式轴、价值表现轴、业务活动轴和形成者轴。其中，文件保管形式是核心轴，因为它的变化带动了其他坐标轴的相应变化。文件连续体理论通过描述文件保管形式轴上四个坐标的变化，引发形成者轴、业务活动轴和价值表现轴上特定坐标的相应变化，揭示出文件的四维运动过程。四维的文件保管形式依次是单份文件、案卷、全宗和全宗集合。每种保管形式对应的形成者、业务活动和价值形式分别是：单份文件对应具体的个人、具体的行为及其行为轨迹；案卷对应内部机构、包含若干行为的一项活动及其活动凭证；全宗对应独立单位、特定职能和机构（即独立单位）记忆；全宗集合对应整个社会、社会意志和社会记忆。

因此，文件连续体理论更注重文件运动的连续性、非线性和时代性，注重行为者和文件，特别是行为者和生成文件的活动与环境之间的互动，更注意电子文件运动过程无明显分界标志的现象。

(二) 文件连续体理论与生命周期理论的关系

在我国档案学界,对于文件连续体理论与文件生命周期理论两者的关系主要有两种观点。[①]

1. 连续体理论是生命周期理论的补充与发展

有学者认为,文件连续体理论是文件生命周期理论在电子文件时代的补充和发展。较之文件生命周期理论,文件连续体理论的进步之处可以归结为四点:

(1) 连续体理论选取的独特研究视角是文件保管形式与业务活动和业务环境的互动,考察的是文件从最小保管单位直到组成最大保管单位的运动过程和规律。

(2) 连续体理论将文件置身于一个多元时空范围,运用立体的、多维的研究方法,全方位地考察文件运动过程及其规律,可以更准确地描述电子文件运动的复杂状态。

(3) 连续体理论更多地突出文件运动的连续性和整体性,将文件视为一个无须明确分割的连续统一体,这准确地揭示了电子文件各阶段界限日趋模糊、联系却越发明显的运动特点,因而适用范围更广、生命力更强。

(4) 连续体理论直面电子文件阶段界限日益模糊的现实,不再要求各阶段相关因素的机械对应,从而更好地顺应了电子文件时代的发展要求。

2. "文件连续体"理论更具优势

另一种观点认为:"文件连续体模式在管理电子文件方面具有生命周期模式不可比拟的优势。用连续体以目的为导向的系统方法管理文件从根本上改变了文件保管者的角色。文件保管者不再是被动等待,在文件形成后才管理文件,而是主动超前地同其他保管者一起共同确定机构活动需要保管哪些文件,然后纳入事务活动体系进行管理。该体系经设计具有保管文件的能力,文件一旦形成,体系就能够捕获其中具有凭证特性的文件并纳入保管体系保存。应该强调文件连续体模式作为电子文件最优化管理模式的重要性,其目的是增进人们对文件管理的关心,提高管理效率和满足用户需求。"相对于文件生命周期理论,文件连续体理论应该更符合文件管理理论高级阶段的表现特性。

三、我国文件运动理论

(一) 我国文件运动理论体系的构建

早在20世纪三四十年代,我国档案界事实上就已经涉足关于文件运动规律的研究。

[①] 潘潇璇. 档案管理理论研究 [M]. 延吉: 延边大学出版社, 2018: 122-123.

新中国档案事业的开拓者曾三先生和吴宝康教授都对档案自然形成规律有所研究，吴宝康教授对"文件与档案管理一体化"问题的论述和宝荣、陈兆祦两位教授对"档案发挥作用规律性"的总结，以及吴宝康教授主编的《档案学概论》对"实现档案价值规律性"的概括等，都是早期我国对于文件运动规律的研究成果。

最早在我国明确提出文件运动规律这一概念的，是20世纪90年代浙江大学信息资源管理研究所的何嘉荪教授及其研究生傅荣校。何嘉荪教授提出的对文件运动规律进行全方位研究的课题被正式列入浙江省社会科学研究"八五"规划，自此，一场"从文件运动的角度，将档案学的三大基础理论——文件生命周期理论（研究文件运动整体过程的理论）、全宗理论（研究文件群体运动特点的理论）和价值理论（研究文件运动动力的理论）'汇合'在一起进行较为系统的研究"[①]便逐步展开，一股对文件运动规律进行研究的热潮在国内悄然兴起。

1."跳跃"与"回流"论及其模型

文件生命周期理论的核心内容是概括和描述文件的线性运动过程及其运动的整体性、阶段性和各个运动阶段的管理要求。何嘉荪、潘连根先生认为，文件在按照生命周期理论进行线性运动的同时，会由于一些特殊的情况出现一些超出常规的运动形式，他们把这称作是文件运动的特殊形式——"跳跃"与"回流"。他们认为，文件运动的主流是从"设计制作形成"，到"现行""暂存"最后进入"历史"阶段的顺向运动。但是，在文件顺向的运动中，有时会发生某些文件跳过某一运动阶段而直接进入后面几个运动阶段的现象，他们将其称之为文件运动的"跳跃"形式；而某些文件会作逆向的运动，他们把这称之为文件运动的"回流"形式。[②]

文件的"跳跃"具体有两种情形：一种是在特定条件下，文件由第一（设计制作形成）阶段，越过第二（现行）阶段，直接进入第三（暂存）阶段，然后再顺向运动。比如各级党委、人大、政协等会议中讨论未通过的文件材料，由于其未获通过而没能取得法定效力，故未能进入第二阶段发挥现行价值，但它们对今后的工作活动仍具有参考价值，应予短期保存而直接进入文件运动的第三阶段。另一种是在特殊情况下，文件直接由第一运动阶段跳跃至第四运动阶段。这里所指的主要是用来记录在文件形成时早已逝去的历史事件情况的文件，它的特点是文件一经形成就达成了其为之形成的目的，并且由于文件形成者的特殊主体需要，而跳过第二（现行）阶段和第三（暂存）阶段，直接进入第

---

① 何嘉荪.深化对文件运动规律的研究[J].档案学研究，1995（03）：2-3.
② 何嘉荪，潘连根.论文件运动的特殊形式——跳跃与回流[J].档案学通讯，2000，03：11-15.

四（历史）阶段，成为档案。

文件的"回流"具体有以下几种情况：

一是在一定条件下，文件运动至第三（暂存）阶段后，又退回第二（现行）阶段，然后再顺向运动。这种形式的运动较多地发生在科技文件中，并且在某些文件身上有时可反复发生多次。他们认为，科技文件具有储备科技知识的功能，在它们业已运动至第三（暂存）阶段后，只要贮存其中的科技知识尚有再次原封不动地得到完全利用的价值，在特定条件下，这些文件就有可能重新退回第二运动阶段，发挥现行作用。这种文件运动回流形式，既是档案提供利用的过程，也是档案重新变成现行文件发挥现行作用的过程。

二是在特殊条件下，文件由第四阶段退回第二阶段（逆向跳跃）。这种特殊的运动形式较上述情形更少发生。有时，某些古代档案的提供利用就属此例。

在对文件运动特殊形式——跳跃与回流分析的基础上，何嘉荪教授又会同其研究所成员，进一步构建了文件运动理论的模型。模型采用大文件概念，用轴、维、域三类元素建立了一个文件运动理论模型，整个模型以主客体相互作用的价值理论为基础，由三个轴向、三个维度和三个区域综合构成，通过对模型的直观解释，对包括档案工作在内的文件管理实践进行了初步说明，体现了理论模型的实用价值。在论述文件运动理论模型的基础上，何嘉荪等人还提出了对文件实行档案化管理的意见。

对于何嘉荪、潘连根二位提出的文件运动的特殊形式——跳跃与回流，苏州大学档案系的吴品才和攀枝花学院的邹吉辉都提出了各自不同的观点。

吴品才认为，文件线性运动是不能跳跃的。他认为"判断文件运动所处阶段并不是根据文件所在地点，而是依据文件所能呈现的价值类型"。[①] 同时他还认为，文件运动不能回流，因为历史不能倒退。

2. "横向运动"论

在对何嘉荪、潘连根两位先生的观点提出质疑的同时，吴品才先生也构建了自己关于文件运动规律的模型。他将文件运动分为纵向与横向两种。文件的纵向运动主要是指文件生命周期理论所描述的文件的线性运动，文件横向运动要针对的是科技文件运动过程中的现实使用、修改等问题。吴品才认为，"科技档案现行价值的呈现本质上是科技档案转化为现行科技文件后呈现出的价值形态。只不过这种转化是在先后开展的两个不同且又相关的科技活动间进行的。即A科技活动的科技档案转化为B科技活动的现行科技文件，故称

---

① 吴品才. 文件运动跳跃与回流的几个疑点——与何嘉荪、潘连根同志商榷[J]. 档案学通讯，2001（03）：30-32.

为文件横向运动"。"所谓文件运动的回流实质是文件横向运动的发生"。"文件横向运动是在文件纵向运动的基础之上进行的,没有文件纵向运动,便无所谓文件横向运动,并且,文件横向运动的发生实质是又一新的文件纵向运动的开始","文件横向运动的揭示实质就是文件多维运动的揭示","文件运动形式虽然是多样的,但文件运动状态却是有限的。文件纵向运动虽然只是文件运动的一种形式,但它却已经展示了文件运动的全部状态"。①

3."螺旋式运动"论

攀枝花学院的邹吉辉先生强调,"文件运动具有多样性和不平衡的特点"。"文件—档案"的转化和"档案—文件"的转化共同构成了"文件—档案—文件—档案"螺旋式发展的运动过程。他认为,"文件(档案)作为一种客观存在物,它与所有的客观事物一样,总是在一定条件下按照一定规律阶段性、螺旋式地向前发展变化的"。其阶段性表现为文件(档案)运动的周期性,这一部分规律已有文件生命周期理论作出了科学的概括。其螺旋式则表现为文件运动周期的连续性与循环性,"文件运动螺旋式发展作为文件运动整体性变化的宏观规律,既是文件运动周期的扩展和深化,也是文件运动周期之间质变的内在逻辑联系"。②

(二)我国文件运动理论的实践

关于我国文件运动理论的实践,这里主要从运用该理论考察科技档案更改实践的角度加以研究。有以下几种情况值得注意:

第一,我国大量的科技档案,实际上仍处于文件的现行期或半现行期,对它们的更改和补充,其实是针对现行文件和半现行文件的。例如,大量的基建档案和设备档案,其记录的实物对象,即相对应的建筑物、构筑物和机电设备等,仍在正常使用或运转,仍需进行经常性维护、检修和阶段性改造。这些基建档案和设备档案,其效用与归档前并无本质差别,仍是使用、维护、调试和改造相关实物对象的依据和工具,仍可视为现行文件。既然是现行文件,为什么不可以根据实物对象变动后的实际情况更改和补充呢?

这里还牵涉一个档案观问题。我国的现行规定和主流意见是把归档作为文件转化为档案的关节点、转折点。而美国等一些国家的档案工作者则把文件管理阶段或称文件的"有效期"一直延伸到文件的半现行阶段结束之时,进档案馆永久保存之前,换言之,进入永

---

① 吴品才.文件横向运动的生动展示——由档案成为苏州古城修复蓝本引发的思考[J].档案与建设,2004(06):6-9.

② 邹吉辉.文件运动规律新论[J].档案学研究,2003(3):4.

久保存阶段之前的文件仍不是完全意义上的档案。这就是文件生命周期理论美英流派的观点。我们认为，在科技档案更改问题上，不妨认同美英流派的档案观。这样，不少"科技档案"的更改，就转化成了对现行文件的更改，就不称其为问题了。

至于半现行科技文件的更改问题，则可从科技文件（档案）与管理性文件（文书档案）的差异中去考察。

科技档案与文书档案相比，它的显著特征是具有很强的现实性、动态性和记录对象的实存性。这是因为，一方面，科技活动不断发展，静态的科技档案内容难以反映科技活动的动态变化。另一方面，科技档案的产生、积累、形成是一个动态的、不断完善的过程。尤需强调的是，科技档案的记录对象包含现实存在的物质实体，如建筑物、设备、产品等，这些物质实体的变化，应该在科技档案中记录和反映出来，即科技档案的内容必须与记录对象的现状相一致。因此，科技档案的准确性、真实性要求与文书档案有很大的不同。

就同处于文件运动半现行阶段的两种档案而言，文书档案的准确性标准只有一个，即历史标准。只要能够真实地反映管理性活动的历史面貌，其档案就是准确的。而科技档案却不然，科技档案的准确性有两个标准：历史标准和现实标准。也就是说，"科技档案不仅要反映一定条件下科学技术或科技对象的历史面貌，而且要反映它们的现实状况，使科技档案同它们反映的科技活动保持一致"。因此，作为文书档案前身的管理性文件归档后绝对不允许修改，否则就会失去档案的真实性，失去档案凭证和依据作用的基础。而科技档案，只要符合制度要求，经过一定的批准手续，不但允许更改，而且必须更改，才能保证科技档案的准确性。假如基建档案只反映建筑物在施工时或设计时的情况，而不能随着建筑物的变化而修改、补充自己的内容，那么这套基建档案就会失真，也就失去了它在该建筑物的使用、维护、改建、扩建和维护中的凭证依据作用。总之，对科技档案进行必要的修改和补充不仅维护了科技活动的真实历史面目，而且有利于科技活动的进一步展开。

第二，科技档案中也存在文件"回流"现象。例如，一些已停产数年的产品，经改进和改型后重新投产，如原图仍需保存，可以补充新图；如原图已无价值，则可直接在原图上更改。又如，一些已废弃数年的房屋，需改造后重新启用，也可采用补充新图或更改原图的办法去处理。这些，都可视为对重新"回流"到现行阶段的科技文件进行更改或补充。这与房地产权属档案的异动管理十分类似，房屋变更或权属变更了，可对相关权属档案进行增补和变更，失去一定有效性的档案文件则转作"参考卷"。

第三，科技档案的"横向运动"和"螺旋式"运动，这就是吴品才先生所说的，"A

科技活动的科技档案转化为 B 科技活动的现行科技文件"。[①] 例如，老项目或通用的设计图、施工图，经复制、更改或补充后，用在新产品的生产或新建设项目的施工中。如原图已无保存价值，一轮周期已结束，则重新制作的新图或更改后的图纸开始了新一轮生命周期，进入了新一轮螺旋式的上升运动。如原图仍需继续保存，则新图便开始了横向运动。

（三）全程管理理念的传播与"两个一体化"

1. 全程管理理念的传播

随着电子文件时代的到来，出现了前端控制、全程管理等先进的管理理念，这些理念蕴涵着巨大的理论与实践价值。

通过前面的探讨，可以看到，无论是文件生命周期理论，还是文件连续体理论（Theory of records continuum），亦或是中国学者正在构建的文件运动理论，都从一定角度强调了全程管理理念。我们知道，文件从产生到销毁或最终转化为档案是一个完整的运动过程。随着电子时代的到来，电子文件的特点，包括其各阶段之间界限日趋模糊的运动特点，使得文件与档案之间的界限越发不明显，全程管理理念对于电子文件从产生到永久保存或销毁的整个生命周期的管理和监控更显得十分的必要。

在数字化时代中，电子文件与电子档案的界限不再显而易见，文书人员与档案人员的界限也不再泾渭分明，全程管理的电子文件管理理念更是得到进一步的传播。中国人民大学的王健教授在她主编的《电子时代机构核心信息资源管理——OA 环境中的文件、档案一体化管理战略》中提到，全程管理思想对电子文件的应用价值主要体现在三个方面：

第一，对电子文件实行全面管理。所谓全面，就是要以电子文件的运动流程为基础，对电子文件的管理目标、管理规则和管理方法进行设计，建立一个涵盖电子文件全部管理活动的管理体系。

第二，对电子文件实行系统管理。就是指在"大文件"概念基础上，对电子文件运动过程中的所有管理活动和管理要素给予系统的考虑，突出各项管理内容的无缝链接、系统整合和总体效应。

第三，对电子文件实行过程管理。包括对电子文件的生成、运转、保管和利用过程实施全面监控。在过程管理中，将所有有助于说明电子文件重要属性和有效管理过程的信息都记录在案，以证实电子文件的运转状况，确保电子文件的管理质量。

---

① 吴品才. 文件横向运动的生动展示——由档案成为苏州古城修复蓝本引发的思考 [J]. 档案与建设，2004 (06)：6-9.

还应该指出的是，这里所强调的全程管理理念实质上包含了前端控制的思想。在实行全程管理的过程中，档案人员必须从源头对电子文件进行前端控制，以保证电子文件的完整、真实和可靠，必须从文件产生形成乃至系统设计的时候就对其进行控制，以保证今后有机会成为档案的电子文件的质量，同时也能够从最大限度上保证现行期的电子文件的真实性。因此，只有在电子文件的整个生命过程中始终贯彻全程管理的思想，才能真正确保电子文件的有效生成、合理运转、安全保管和长期利用。

2."两个一体化"

强调全程管理，实质就是强调文档一体化。早在20世纪90年代，我国的档案学者就提出了"文档一体化""图、情、档一体化"的理念。全程管理强调将文件工作与档案工作统筹兼顾，协同管理，以期发挥各自及总体的最大效能。这一现代化的管理模式就是文件、档案一体化管理的模式。它不仅要求档案工作者关注文件的形成过程，介入文件工作之中，同时也要求文书人员了解档案工作的特性与需求，在文件工作中协同管理、奠定良好的基础甚至完成原本属于档案工作的一些环节。随着技术的进步和时代的发展，两个一体化的思想在电子文件时代得到了更进一步的充实和发展。黄存勋等人所著的《文档一体化——网络时代的文件与档案管理》，从各个角度介绍了网络时代文档工作一体化的新发展，同时也论述了文档一体化与文献信息一体化（即通常所谓图书、情报、档案工作一体化，或称多种信息资源管理一体化）在这样一个时代背景和社会环境之下必然要求同步进行的观点。

社会信息化是文档一体化的背景和前提。文件与档案工作的信息化是国家信息化、社会信息化的重要内容。在网络化、一体化的国家信息系统中，各级各类文档一体化信息系统应该成为相应的多种信息资源管理一体化系统的子系统，成为相应内部网、局域网和国际互联网的子系统，应该是一个多维立体的开放的信息系统。当然，这里的开放是以确保国家秘密、商业秘密和其他不宜公开的内部事项不被泄露为前提的开放。就管理的对象而言，数字化将成为"两个一体化"系统中文献与信息共有的普遍生存方式。虽然现在实行的双套制从目前来说有其存在的必然性，但从长远趋势来看，全部档案的双套制是否有可能向重点双套制演变呢？一部分纸质档案是否有可能被缩微档案取代从而形成光盘与缩微并存的双套制呢？数字化是否最终将成为文件与档案的主要生存方式呢？这些都值得我们深思，需要我们未雨绸缪。就管理手段而言，以计算机技术和网络通信技术为核心的现代信息技术，将成为"两个一体化"系统共用的技术手段。文档一体化对现代信息技术的广泛应用，将促使文件与档案管理理念与方法发生深刻变革。

灌注了中国特色的"两个一体化"的实践，实质上都可以看作是对基于文件运动理论

（包括文件生命周期理论、文件连续体理论以及构建中的我国文件运动理论）的科学的管理理念和管理方法的实践。同时也可以说，我国文件运动理论在一定意义上来源于、受启发于这样的一些实践。它既是对实践的提炼与总结，更是对其进行理论的升华，从而更好地适应和指导实践。

第二节 社会记忆理论与档案管理研究

社会记忆理论发端于法国的年鉴学派，20世纪20年代，法国著名社会学家莫里斯·哈布瓦赫开创性地提出"集体记忆"概念成为这一理论的开端。1989年美国社会学家康纳顿在其著作《社会如何记忆》中用社会记忆代替集体记忆理论，成为集体记忆理论之后又一具有深刻学术影响的理论范式。

社会记忆理论在档案管理已有研究的视角主要是从社会记忆的本质出发，来探讨社会记忆理论与档案工作、档案记忆观、档案理论范式形成等方面的关联，但也存在着一些问题。首先，现代档案形成本身因为受到权力影响，其所记录的信息并非客观的历史真实，所以它在建构的历史记忆时会出现"失真"或者"异化"的问题，该问题如何解决需要进一步思考。其次，社会记忆理论将促使档案具有动态性，改变以往的束之高阁的命运，参与到集体记忆变迁和社会历史记录的过程，使档案融入社会之中，但是这种情况下如何落实到具体实践之中，在具体操作中如何保障档案的安全性也是个亟待解决的问题。

一、社会记忆理论对档案管理研究的理论意义

（一）促进档案记忆理论的发展

档案作为社会记忆的载体和工具，在社会记忆理论的影响下，其传承社会记忆的功能受到关注，档案记忆理论就是在此背景下应运而生。由社会记忆理论衍生的档案记忆理论，从记忆、认同、社会结构等深层社会意义出发，将档案和档案工作置于更为广阔的社会场域，注重档案现象背后的社会文化结构解读，已逐步演化为档案学界的新兴理论范式。同时社会记忆理论将社会记忆的思维模式引入到档案学之中，一是促进档案真正价值和社会作用的发挥，二是将档案学理论与社会科学联系起来，扩大了档案学理论研究的视野和方法，促进档案记忆理论的诞生，扩大档案学的研究视角。

（二）引发多元档案价值观的探讨

社会记忆理论认为，社会记忆是人的一种感知实践，是人们以信息的方式对在生产劳动实践和社会生活中所创造的精神和物质财富进行编码、储存和重新提取过程。从社会记忆视角审视档案价值使得档案价值发生转变，不再唯一信奉"证据的神圣性"的档案信条，认识到档案除了证据价值之外的记忆功能，档案成为建构社会记忆不可替代的要素。在社会记忆理论引入到档案管理研究后，引发研究者以不同的研究视角来重审档案价值，档案价值的研究需要回归复杂的社会系统来全面研究。这种新的研究视角首先扩展了档案的价值域，在建档观念中，既要体现"国家"的理念，同时更要兼顾以民为本的本心，在档案体系的建立中，建立以全体人民群众为主的档案体系，档案的收集范围既包括国家政权性信息，也涵盖社会精英阶层和草根阶层的信息，使档案价值不仅体现在对历史政权的记载，还体现在人民群众在档案中找到回忆和怀念的载体。

社会记忆理论认为社会记忆受权力的影响，社会记忆是多元权力和多元价值观长期复杂博弈的结果。在现有社会语境下，国家权力一定程度地让渡于公共权利，档案形式多元化、档案服务大众化、档案管理现代化的现实需求要求以保密和服务领导为中心的档案理论和价值观以及档案实践体系必须作出改变，档案多元价值观应运而生。

（三）创新档案价值鉴定理论

社会记忆的作用与反作用、社会记忆的选择与遗忘问题对档案鉴定工作构成了挑战，档案鉴定应该从档案作为"社会记忆"的重要载体这一重要属性出发，判别文件的"保存价值"。

首先，档案鉴定的指导思想是历史唯物主义，用唯物史观的方法论确立具有时代特点的"社会记忆"建构目标和指导思想，制定鉴定政策制度、综合标准、技术规范、范例汇编等，从而把档案记忆理论渗透到明确、具体的鉴定依据和规则之中，使其成为档案鉴别的尺度和文件选择的依据。

其次，鉴定规则能够维护社会公众的利益，留存和传递公民的社会记忆（表现为鉴定规则的覆盖范围和透明度）。

最后，档案鉴定工作的内容转变，"由国家模式转变为建立在公共政策利用决定论和宏观职能鉴定论的社会模式"保留更多反映社会方方面面的档案，如将房地产档案、山林权属档案、婚姻登记档案纳入档案收集范围之中，同时为了保证档案鉴定的结果是使档案既能全面反映社会记忆又能使社会公众共享档案信息资源，档案鉴定工作要在社会监督下运作。

二、社会记忆理论对档案管理研究的实践意义

社会记忆理论被引入到档案管理研究后，得到相关专家学者的肯定和重视，在影响档案学理论的同时，拓展了档案工作对象范畴、凸显了档案机构"记忆宫殿"优势，突破了档案工作者自身角色定位。

（一）拓展档案工作对象范畴

社会记忆理论引入到档案领域之后，档案工作对象的范畴不断扩展，从政府文件、官方档案到私人档案、社群记录再到社会组织自治档案（Autonomous archives），档案工作不再是政府组织、档案馆的份内之事，社会大众、特殊社群、各类行业组织均可参与到保存自身活动记录，管理自身档案的工作中。

1. 创建均衡化档案资源建设方案

档案资源作为社会的宝贵财富，是社会记忆与人类历史的重要组成部分，随着社会的发展，档案资源对于组织和个人了解历史、展望未来以及完善社会记忆体系等方面作用显著，所以用社会记忆和全覆盖、均衡化的理念引导档案资源建设，编制以社会记忆为主体的档案资源建设方案是社会记忆理论在档案资源建设中的重要启示之一。

2. 重视地方档案资源的收集与保存

大部分的地方特色档案资源都被保存在地方档案馆、博物馆或者是图书馆等场所，能被国家公共档案资源体系系统收藏的是极少数，但是正是这些地方特色档案资源蕴藏着"大量正史所未言的、细致入微、具体详尽、生动逼真的历史信息"在档案工作实践中，群体自发收集与本群体情感表达及记忆续写相关的记录以留存自身群体历史及身份认同。

（二）凸显档案馆"记忆宫殿"优势

在社会记忆理论引入到档案领域之后，档案馆作为保管档案文献的重要场合，在社会记忆构建过程中扮演着重要角色，能够更加凸显其"记忆宫殿"的职能。一方面档案馆利用丰富馆藏，进行档案资源开发利用。另一方面，档案馆在档案收集中突破以往的服务理念，为了重构社会记忆，将处于社会边缘群体但是能凸显社会记忆的档案收集到档案馆。

（三）突破档案工作者自身角色定位

传统的档案工作者的主要职责是保管好档案，常常被当作"看门人"。随着我国地方

档案机构实行"局馆分立"模式，档案馆作为文化事业机构的职能愈发凸显，其也相应承担着留存人民群众社会记忆的功能。档案工作者在档案构建社会记忆的过程中作为能动的主体，其自身角色定位发生变化。这种职业赋予的"特权"要求档案工作者将"保存整个社会方方面面的记忆"作为历史使命与社会职责，勇敢承担起"社会记忆积极建构者"的角色。

第三节 档案管理新理论与知识服务的再融合

一、现阶段档案管理领域涌现出来的新理论

（一）集成管理理论

集成化管理理论是对多元管理理论的一种超越和创新，其正视和肯定多元主体在档案知识资源生产、管理、开发和利用中的重要作用，同时更加强调人们应当对档案资源的集成化运用，通过倡导基于组织纽带、契约纽带、情感纽带、文化纽带等的以协同为特征的组织形态、以结果为导向的组织目标和以整合为核心的运作机制，去塑造不同部门、不同主体、不同档案的共同服务愿景，从而实现对多元主体、多元档案的有效整合，以更好地服务于档案用户。

（二）后现代主义管理理论

档案资源的后现代主义管理理论不是一个整体成型的理论，而是一种重要的管理逻辑导向。对于高度数字化、信息化背景下的后现代主义管理理论来讲，它整体上不接受普适性的、无差异、无个性的一切现代性的档案管理理念、档案管理组织、档案管理模式等，而是试图将档案管理、档案开发和利用等根植于不同的文化背景、各种局部性和特殊性之中，最终去建构一种能够使不同档案需求的用户能以不同方式、最大限度地实现对多元化、层次化、差异化档案资源的需求。

二、档案管理新理论向传统档案知识服务提出的新挑战

随着新一代信息技术广泛应用于各行各业，档案管理工作的具体环境、对象、内容等已经发生了巨大变化，迫切地要求创新档案工作理念、方法、模式，传统的档案知识服务

必须加快全面朝向数字转型和智能升级。总体来讲，档案管理领域涌现出来的这些新理论要求档案知识服务必须正视这些问题。

（一）档案知识服务必须注重跨界融合

在过去的"十三五"时期，我国档案事业的发展呈现出的一个重要发展特征就是开放程度不断深化，公共服务能力不断深化，尤其是档案公共服务能力持续提升。"十四五"时期，我国档案知识资源服务转型升级的一个重要方向就是寻求跨主体、跨区域、跨部门、跨媒介的跨界融合服务，这一点从"十四五"时期我国重点档案保护与开发工程规划即可见一斑，"区域性国家重点档案保护中心""一带一路"与跨文化交流档案开发工作等都需要一大批跨界、跨学科的专家学者、社会大众等参与进来。

（二）档案知识服务必须把握媒介融合

档案管理的创新服务本质上是从内容、载体到方式、效果等全价值链对知识服务进行改进的过程，当然在信息化时代这个过程必须高度重视"媒介融合"。所谓媒介融合指的是综合依托传统媒体和新媒体开展特定的知识服务社会化的过程，具有非线性化、超越时空传播、互动式、跨平台化、个性化等突出特点。后现代主义管理理论告诉我们，在数字化传播时代受众群体具有市场细分、差异化、需求个性化等突出特点，对于档案管理者来讲应对这种趋势的一个重要管理手段就是引入媒介融合。

（三）档案知识服务必须精准化

档案管理的集成化、多元化、后现代化等理论互相交织、互相交融，共同促成了档案管理的"大众化"与"小众化"的协同并进。在这里，"档案知识服务的小众化"指的是档案服务从内容定位、渠道打通、平台互动、定期跟踪等多方面共同发力，更好地满足民生、市政、公共空间等大众领域对档案知识的需求过程。

三、档案管理新理论与知识服务再融合的策略建议

面向21世纪"人工智能"等科技浪潮下的档案管理及其对应的知识服务融合，我们认为以下几个策略值得尝试：

（一）基于大数据的用户行为画像策略

"用户行为画像"也被称为"用户画像"，指的是档案管理者依靠现代化大数据分析

工具，定期对用户档案知识服务需求信息例如检索历史、检索关键词、在线浏览档案目录记录、点击率、热点点击主题、下载记录等进行数学建模、建库管理的过程。对此，管理者们可以考虑借鉴市场营销领域近些年来兴起的一种 SaaS（Software-as-a-Servie）软件服务模式，鉴于档案管理单位或团队往往本身缺乏技术研发团队，因此可以通过与第三方服务商或第三方电子商务运营团队合作的方式，成建制引进大数据分析团队，并对自身档案知识资源如何开展社会化整合营销进行精确的用户行为画像。

（二）坚持以重点客户服务需求为导向的策略

档案知识资源的服务价值在于能够对重点客户、经济社会发展等提供特定的知识支持，并且能够产生一定的可量化分析的经济价值、社会价值、人文价值、生态价值等。档案管理者（无论是企业抑或档案馆等组织）应当结合当地或属地化重大建设项目规划、"十四五"发展规划等，主动开展档案知识资源服务规划，把档案知识资源与属地化发展战略深度契合起来。例如：第一，针对"十四五"时期该地区潜在的轨道交通应急救援的整体合力；第二，加强地震应急救援力量之间的协同联动机制，确保在发生地震灾害之后，能够及时调度各种救援资源；第三，加强地震应急救援信息系统的建设，实现各种信息的共享，为各种地震应急救援行动提供必要的信息通信支撑；第四，健全地震应急救援物资装备的运输保障机制，满足物资储存、运输、投放的需要。

（三）建立健全相关法律法规

唯有严格遵循相关法律法规，充分发挥法律法规的作用，才能最大限度地提高地震应急救援的质量和效率，主要有以下三点措施：

第一，政府相关部门应该结合实际情况，从提高综合减灾能力的角度出发，对各种地震应急法律法规进行不断的修订和完善。

第二，利用法制建设，确定地震应急救援的原则和相关内容，并且统一规定地震应急救援的目的、范围、方针以及相关政策，使地震应急救援走上法治化的道路。

第三，在法律法规上，对各个省市级地区的地震应急管理部门的职责进行明确，使之做到有法可依、有法必依，为地震应急救援工作的顺利进行提供良好的法律保障。

第四节　管理维度空间中档案管理理论建构

一、档案管理理论建构的前提与要求

在管理维度空间里建构档案管理理论研究体系，不能无所基础，更不能凭空生造，必然要有其前提、有所依托。虽然前面章节的探讨事实上就是对此问题的明确和阐述，但大多是分维度的细节性探讨，系统性和整体性有待加强，且均非学科建设角度的分析，因而还是有再次梳理的必要。有基于此，本节提出管理维度空间里档案管理理论研究建构必须要有以下三方面的前提和要求：

（一）档案管理理论研究对象在管理活动中具有支撑性作用

只有当一门学科的研究对象在管理活动中具有较为重要的价值和意义时，其研究才会为管理实践者和管理学界所关注，其成果才能得到重视和推广，如果研究对象在管理活动中显得无足轻重，则人微言轻，即便探讨，也缺乏拓展的空间。更重要的是，当认识到其研究对象在管理活动中具有支撑性作用的时候，研究者的主体心态就会发生积极的变化，在重视自己所研究对象的同时，也会对自己所从事的行业（这里包括档案工作和档案管理理论研究两个方面）充满信心，进而会有尊严地去继续自己的研究活动，有利于激发起研究的主动性和创造性。

在此需要明确的是一门学科的研究对象，并不等同于这门学科得以生成和赖以生存的实践活动内容，其范围往往要大于后者，因为学科的研究对象不仅包括其实践基础，还应包括其理论来源和本体研究，甚至还能是通过与相关学科结合而形成交叉领域。具体到中国档案学而言，其研究对象绝对不仅限于我国的档案工作与档案事业，还包括档案学自身的研究，如档案学史等，此外还有文件与文书工作。钟其炎在其《反思档案学研究对象》一文中就指出，"档案管理理论研究对象不应该仅仅是档案现象，还应该把文件现象纳入其中"，[①] 该文从档案学基础理论、实践工作、发展潮流、学科地位和理论研究现状等五个方面进行了论证，之前吴宝康、徐拥军等也持相同观点。虽然有人表示反对，但文献调研的结果却显示中国档案学人在这些"非专业领域"的研究成果十分丰富，也是十分时

[①] 钟其炎. 反思档案学研究对象 [J]. 浙江档案, 2008 (6): 3.

兴，如电子文件的相关研究就层出不穷。故此，本书也认为，文件与文件工作是档案管理理论研究的对象之一。至于文件方式在管理活动中作用，文件方式在管理活动最重要手段之一，起着协调沟通、参考凭证、文化塑造和宣传教育等作用，具有管理资源配置、资源保障、资源优化和资源再生等功能，其重要地位是显而易见的。

如果一定要说文件与文件方式还不是档案学最重要的研究对象的话，那么不妨探讨一下"档案工作"这个档案学的核心研究对象。

人们总习惯地把档案工作的对象——档案的属性等同于档案工作的特点，即因为档案是对过去事件的记录和反映，于是就认为档案工作也是滞后的和事后的。其实，为了更全面地记录和反映管理过程，档案工作应该在活动伊始甚至在其行为之前就介入其中。特别是新时期，我国社会经济处于快速发展期，大量的活动和事物，如不主动予以记录，便会稍纵即逝，"坐享其成"只会造成无法挽救和难以弥补的损失。当然，自然留存的档案和有意"制作"的档案还是有一定差异性，前者产生更为客观，后者则具有较强的主观性，这就要求档案工作者不能以个人偏好行事，要以正确的、对历史负责的态度来开展工作。事实上，档案工作早已渗入文化教育和服务民生等公共管理活动的方方面面，档案已经成为直接化解社会矛盾的重要依据、维护和平衡各方利益的武器，是管理权力来源的基本凭据，因此档案工作伴随公共管理的全部流程，能在一定程度上提高管理的效率和效果。

通过前面分析不难得出，无论是档案学的主要研究对象，还是"次要"研究对象，都是管理活动中的主要组成和支撑，是值得档案学人为之欣慰并付诸努力的，而这正是基于管理维度分析的档案学构建的首要前提。

（二）档案管理理论研究主体具备管理基础知识与基本技能

研究主体了解和掌握管理的相关知识与技能，是管理维度空间中的档案管理理论研究建构的内在要求。研究主体是科学研究的生力军和学科发展的原动力，只有档案管理理论研究主体对管理的基本知识和技能有一定的把握，对管理的资源和生态有相当的理解，特别是了解和理解"管理维度空间"的构成和作用，才能不仅仅局限或拘泥于档案管理对象、职能本身，才能意识到只关注和探讨管理内容维度的狭隘，才能真正从更宽广的管理视域去审视和发展档案学，才能更好地将管理学的一般原理有机地运用于档案管理理论研究，并担当起将档案管理理论研究成果推向管理的其他研究领域之重任。

现有档案管理理论研究主体为两类，一是来自高校与科研院所的理论工作者，二是扎根于档案工作实际的研究人员。

前者对于一般管理的原理与方法绝对不会陌生，对档案管理本身的理论和技能更是相当擅长。因为自从档案学从历史学门类划转至管理类以来，现在我国大多数高校档案学专业都归属于管理学院系（或称公共管理学院，或称信息资源管理学院等，不一而足），这些学校的档案学专业课程中就有不少关于管理学基础与原理的，如河北大学档案学专业设置的就有管理学、管理心理学、行政管理学、知识管理等诸多管理类课程。而即便不是管理学院系，也都开设了一定数量的管理类课程，如当时还属于历史文化旅游学院的黑龙江大学档案学专业，其专业必修课就有现代管理学、行政管理学、电子政府概论等，山东大学、湖北大学等学校的同属于历史文化学院的档案学专业也是如此。可见高校档案管理理论研究主体并不缺乏管理学知识的源泉和土壤，但问题在于其要么过分关注"专业知识"，而对一般管理知识熟视无睹，要么就只是将一般管理知识与档案专业理论当作两张皮，往一处草草贴靠了事，缺乏深度整合和良好互动。

关于来自档案实践部门的研究人员，可能会如史法根所说的需要学点管理学知识，但在如今局馆合一的体制下，他们对管理技能和实际的掌握绝对不会仅仅限于狭义的档案管理，因为档案局是一个实实在在的行政管理部门，一般管理的"门道"不说烂熟于心，至少也是很有体会的，这一点笔者在档案行政管理部门工作和调研时都发现，大多数档案工作者对管理中的权力和规则等资源拿捏得还是比较准确的。他们的问题在于一方面是否意识到这些管理的技能和知识的存在，另一方面是能否将这些知识、经验、体会与技能发掘出来，并将其运用于档案管理理论研究。

（三）档案管理理论研究方法成果对管理学具衍生辐射效应

研究方法与研究成果的辐射性和影响力，是建构管理维度空间中档案管理理论研究的本质要求。没有研究方法的支撑，学科本身的存在就成问题，就更别说什么理论构建与学科范式了。而研究成果则有双重意义，既是一个阶段研究的证明和结束，又是另一研究的基础和开始，前者是指通过论文的发表或著作的出版，展示着一段研究的经历与结果，后者是指通过交流和推广，这一研究的成果必将成为另一研究的参考和起点。

关于档案学的研究方法有两种理解，一种认为档案管理理论研究方法仅仅是理论研究的方法，即对档案管理理论研究一般方法的理论概括，不包括各分支学科的具体研究方法和应用类方法；另一种则认为应该是两者的集合。持后一观点的居多，并往往将档案管理理论研究方法划为哲学方法（即指导性方法）、一般科学方法（即各学科通用的研究方法）以及具体方法（或称专门方法）。傅荣校认为研究方法是关乎研究内容与结果的重大问题，任何轻视或不加区别滥用研究方法的行为，都可导致学科理论研究本身的失误，他还分析指出目前我国档案管理理论研究方法存在的主要问题有：方法的对象过于具体、缺乏系统性，方法的"移植"缺乏成效，方法的运用失之片面，以及对某些方法的认识有所误解等。许多学者一直致力于构建档案学方法体系，潘连根也曾将之归纳为"层次说""过程说"和"罗列说"，但国内外至今尚未有为人们所普遍认可的档案学方法体系，主要还在依赖社会科学研究的通用方法或者移植相关学科研究方法。这对于建构管理维度空间中档案管理理论研究有所不利，一来少了一个可以推广至管理学其他领域的项目和内容，因为方法也是可以输出的；二来在相关研究中缺乏可以直接利用的手段和途径。不过可以肯定的是许多在档案专业各研究领域已经和正在应用的方法，经过档案学人多年的精心维护和经营，早就有着浓厚的专业特色和特点了，在档案学科的研究和发展中功不可没，这也正是本研究的坚实基础。

至于档案管理理论研究成果方面，就相对比较乐观了。至少在文件和档案管理的研究上，我们是非常拿手和强势的，而档案管理本身就是管理的内容、方式与资源的集合体，是管理学科的实践基础之一，是管理原理和方法的具体运用，其经验和技能可以直接予以提升，为管理学其他领域的研究和实践所利用。具体而言，目前档案学人在知识管理领域和电子政务等诸多方面都发挥自己的特色和特长，对企业管理和公共管理的影响不容小觑。但目前的问题是，虽然相关成果不少，也能对社会和机构管理实践产生一定的作用和影响，但这些成果针对具体实践的较多，许多还是实操性措施和对策，能予以抽象拔高的东西不多，特别是能称之为"定律""法""理论"并对其他管理类学科产生衍生功能的实为罕见，理论高度不够自然很难对其他学科产生辐射和影响。但这正是本书所力图引发的研究意义所在，也是可资发掘和拓展的空间之一。

二、档案管理理论建构的基本原则

理论的建构必然依存于一定的基础并与学术生态实时互动，研究的设想也不能天马行空、无所依循。在构建管理维度空间里的档案管理理论研究时，要处理好与本专业已有研究、与"上位类"研究以及与关联科学研究的关系，因而必须遵循如下原则。

（一）稳中求变原则

所谓稳中求变，就是指在继承中不断创新和发展，并逐步走向科学和完善，其中稳是前提和基础，变是目标和手段，这是管理维度空间里的档案管理理论研究建构的根本原则。稳中求变有两方面要求：一是"稳"，这要求充分尊重和合理利用现有的研究成果和方法，档案工作者和档案学人在各个历史时期的努力和探索积累了丰厚的沉淀，这是我们研究的基础和起点，凭空捏造或杜撰的理论是经不起考验也是没有生命力的，从前文的分析也可以看出，管理维度空间里的档案管理理论研究绝对不是另起炉灶，而是对现有研究的深度挖掘和全面梳理；二是"变"，变是事物存在的基本状态，变的本质就是对时代和环境的适应，其最终表现就是发展，可见"变"既是学科生存的规律和常态，也是我们研究的目标和宗旨，中国档案管理理论研究要想提升自己的地位和空间，要想展现自己的优势和特色，就绝不能墨守成规，必须在理念上有所创新，在方法上有所改进。只有稳中求变，才能在变中求强，这是我们建构管理维度空间里的档案管理理论研究的必然选择和根本要求。

(二) 本末兼顾原则

本末兼顾原则主要是针对研究内容而言的，"本"是基础层和理论层的研究，而"末"是表达层和应用层的研究，就是指在分清本末主次的前提下，做到既有轻重之分，又不失偏颇。这一原则的具体要求是，在建构管理空间中的档案管理理论研究时，要兼顾各个维度研究内容与方法的均衡发展，不能顾此失彼、有所疏漏，这是研究体系完整性的要求，而这种"兼顾"并非一视同仁、不加区别的，内容维度的研究是传统和基础，重在夯实和创新，资源维度是价值增长点，要着力挖掘和打造，而方式维度是核心竞争力，要实现继承和突破。同样，在具体某个维度的研究设想中，既要面面俱到，也要分清主次，特别是不能因为表达层和应用层的研究成果更吸引大众眼球，为了急功近利或求新标异，而忽视了基础层面和理论层面的研究。比如资源维度的档案管理理论研究，一方面要树立"大管理观"，兼顾管理资源和资源管理，另一方面是要明确一次管理是前提，二次管理是优化，而资源保障是升华，这一维度的研究绝对不能因为追求"提升"，而忽视一次管理研究的改进和发展。

(三) 深度互渗原则

构建管理维度空间里的档案管理理论研究时，必然要处理好与关联学科乃至整个科学研究的关系，如在研究文件（档案）信息构建时，就离不开图书情报学和计算机科学知识的借鉴和支持，而档案信息二次整理的研究，又为这些学科的相关研究提供了素材和启示，因而要求设计与构想管理维度空间里的档案管理理论研究伊始，就不能只存有大量引进的"理想"或单向输出的"抱负"，而是必须遵循深度互渗原则。该原则也有两层含义：一是"互渗"，指对借鉴与引用向度的规定，即要求研究人员不仅能将管理类、历史类等关联学科的知识和研究，应用于管理维度的档案管理理论研究之中，而且要努力扎实自己的根基、挖掘与强化自身的优势，使档案学理论和研究成果有输出的需求和可能；二是"深度"，是针对理论耦合的程度而言，即指理论、方法的输出或导入，不能仅作一个介绍、谈一下必要、说一点心得、来一些展望，就算大功告成，而是要对输出理论的核心优势和扩张能力有深刻的理解，并且要充分把握对象专业（即引入方）的切实需求和适用范围，才能进行互相借鉴和渗透，这对研究主体的知识能力和研究态度都是不低的要求，但这是置于管理空间的档案管理理论研究所必须做到的，也是该研究体系建构时所必须遵循和明示的，否则就无法保证未来研究成果的辐射力和影响力。

三、档案管理理论建构设想

一门学科研究的设想与构建，离不开对三个方面问题的探讨，一是研究内容的构成，二是研究方法的梳理，三是研究主体的塑造。其中内容是学科研究的外在形式，规定了研究的层次和范围；研究主体是其内在动力，主导着研究的力度与方向；研究方法则是两者结合的桥梁和手段，决定了研究的效率和水平。建构管理维度空间中的档案管理理论研究，也必然要从这三个方面入手。

（一）内容构成

档案管理理论研究对象不仅应该包括档案现象，也应该包括文件现象，并且这两者对于管理活动都有着较为重要的价值和意义，是管理维度空间中的档案管理理论研究的核心范畴，那么具体的研究应该有哪些构成呢？

吴宝康提出，"档案管理理论研究由理论研究和应用研究两部分组成，其中前者的研究内容是档案与档案工作的本质及其运动规律，探讨对档案和档案工作的基本认识问题，而后者则阐述档案工作的制度、原则、方法与技术，又可再分为应用理论和应用技术研究两大部分。"[①] 这种提法为大多数学者所认可，虽然只是着眼于管理内容维度档案管理理论研究的划分，但也可以作为本书的有益参考，即管理维度空间中的档案管理理论研究也包括以下两方面内容：

1. 传播导向的理论层面研究

这一层面的研究旨在建立管理视域下的档案学的基础理论体系，其具体内容包括：管理维度理论的深化及其对档案管理理论研究的"作用力"与"反作用力"，各个维度档案管理理论研究的内容、特点、方法、历史、定位和前景，管理维度空间中文件、档案的基本属性与运动特征，基于管理维度分析的文件与档案管理活动的特点、功能与规律等。由

---

① 李孟秋. 吴宝康学术思想研讨会综述［J］. 中国档案研究，2017（2）：3.

于理论层面的研究是探讨基本原理、方法及本体研究,以提升理论深度、完善理论结构和扩大学科影响为目的,而非能直接用于实际问题的解决,因此是属于传播导向型研究,其特点是追求整体系统性,但能服务于应用研究并为后者指出方向、奠定基础。

2. 问题导向的应用层面研究

这一层面的研究旨在对档案管理实践与社会、机构管理活动提供理论支持和实际指导,其内容包括:内容维度的档案管理程序研究(具体如档案的收集、整理、鉴定、保管、检索、编研、统计和提供利用的流程与方法等)、档案管理职能研究(具体如档案行政管理机构与档案信息机构设置的历史、现状与发展,以及在档案管理活动中的作用与功能等);资源维度的档案信息资源的一次管理研究(具体如档案信息采集、描述、组织、存储、传播与服务的作用、要求与手段等)、档案信息资源的二次管理研究(具体如档案信息开发、构建与营销的理念与方式等)、管理资源的信息保障研究(具体如人力、财力、物力、规则、技术、权力、人脉、文化等管理资源的信息保障内涵、意义、原则与途径等);方式维度的文件管理方式(具体如文件管理方式的构成、功能、历程、发展、要素与环境分析,以及文件方式与其他管理方式的对比研究等)。由于应用层面的研究主要为了发现、分析与解决各类管理活动相关的实际问题,所以属于问题导向型研究,其特点是强调具体针对性。

(二) 方法梳理

中山大学的陈永生指出,"开展档案学方法的研究从理论探索来说是必要的,有助于档案管理理论研究的效率提高和学科的发展,但不必凭空建构档案学的方法体系,方法的提出必须要符合档案管理理论研究实际,要在切实效果方面有所体现,特别是在档案管理理论研究的专门方法方面不能肆意拔高,比如把'利用者调查法''档案馆统计法'归为专门方法,在事实与逻辑上都讲不过去,这两者实际是调查法和统计法在档案学中的应用。"[①] 他的这段论述对本书建构管理维度空间中的档案管理理论研究方法体系是一种鞭策,但就宽泛的要求而言,如果某些社会科学通用的方法和专业紧密结合,并衍生出新的内涵,也富有专业特色并符合专业实际,就可以也应该认定为学科的专门研究方法。

如前面所说,一般认为档案管理理论研究方法可以划分为哲学方法、一般方法和具体(专门)方法,但关于哲学和一般方法的探讨很多,也比较深入,而且几乎对任何视角的档案管理理论研究都是适用的,本书在此不再重复,只梳理一下管理维度空间中档案管理

---

① 陈永生. 方法与效益——对更新档案学研究方法的思考 [J]. 云南档案,1991 (2): 4.

理论研究的具体方法。现有的为大家所熟悉的档案管理理论研究具体方法其实很多，如档案文献组织方法、档案保护相关方法、档案资源开发方法等，为了便于讨论，同样也从管理的各个维度进行梳理。

1. 基于管理内容的方法

由于内容维度的档案管理理论研究涵盖了档案管理活动的全部流程，而各个环节都有一定的特色或专业方法，所以基于管理内容的方法范围较广，如档案采集方法、检索方法等，但相对其他管理类学科含有更多专业"元素"，并在管理内容维度上起关键作用的主要有两类，一是档案文献组织方法，二是以技术方法为主体的档案保护相关方法。

（1）档案文献组织方法。

文献组织是图书情报与档案工作的重要内容和核心环节，传统纸质环境下的文献组织是以编目、分类、标引等形式，将文献进行整理与排序的过程。而数字环境下，文献组织形式有所变化，但其基本含义还是不变的，即指对文献集群单元特定的形式特征、内容的系统性与整体性进行揭示与描述。文献组织的主要方法有著录和标引，其依据是各类著录规则和分类法。档案文献则有着自己专门的著录规则和分类方法，如在我国前者主要依据中华人民共和国档案行业标准——《档案著录规则》，而分类则一般依据的是《中国档案分类法》。

档案文献组织方法之所以有着专门性并区别于其他文献组织方法，是由档案文献的特殊性与特点所决定的。在分类原则上，图书与期刊一般采用学科分类为依据，而档案文献则主要根据职能分类原则；在时间字段上，图书期刊只需要著录出版时间，而档案文献著录文件的形成时间，还有发文、收文时间等；此外，由于部分档案文献的保密性，还要著录文件的密级等。

（2）档案保护相关方法。

档案保护相关方法的核心是技术方法，所谓技术方法是人们在技术实践过程中所利用的各种方法、程序、规则、技巧的总称，它帮助人们解决"做什么""怎样做"以及"怎样做得更好"的问题。无论纸质还是电子文件，其得以完整保存和长期可利用都有赖于技术的利用，只是技术的类别不同而已，如前者主要依靠的是化学与生物学相关的知识和技术，后者主要依靠信息科学的支持。在我国，传统的档案保护技术方法已经比较成熟并且已成体系，其标志是档案保护技术学的建立和发展，而电子文件（档案）保护技术方法的研究也正如火如荼，并取得了长足的进步。当然，仅仅依靠技术方法还不足以解决档案保护中的各类问题，还需要其他保护相关方法，如人员、设备与库房控制方法等。

2. 面向管理资源的方法

（1）文件信息分析方法。

所谓信息分析是指为满足特定需求与目的，在对文献进行搜集、鉴别、整理和初加工的基础上，运用定性和定量方法对其中的相关内容信息进行评价与综合，并形成新的信息产品的智能活动。文件信息分析是其中一个子集，因而与其他类型信息分析在方法上具有共性，如都要用到逻辑学的方法、系统分析的方法、图书情报学的方法、社会学的方法与统计学的方法等，但也有区别和差异：一是由于文件信息分析的主要对象是文件和档案，这种信息更强调真实性和可靠性，因而鉴别的方法和要求不同，如文件信息的去伪存真可以通过印章等外部特征，而图书情报信息主要通过内容特征；二是与其他文献信息相比，文件（档案）信息的传播方式和公开程度是不同的，因而对信息分析的主体和场所有一定的限制，使得不同的人员在获得数据的质和量上有较大差异性，这就直接影响信息分析方法的选择和效果，如数据量大、质量高时，就可以采用统计分析等定量方法，而信息不够而且模糊时，就只能运用定性的推测和预测方法。从本质上讲档案文献编纂方法就是建立在文件信息分析方法基础之上的，或者说广义的文件信息分析就包括档案文献编纂，因此基于资源维度的这一研究方法对于档案学人来说应该不会陌生。

（2）档案信息服务方法。

信息服务指基于用户研究和有效的信息组织，将有价值的信息传递给用户，以协助其解决问题的过程。方法则是信息服务的途径和手段，常用的信息服务方法有信息咨询、信息导航与指南、联机、脱机或手工查询、展览与报道、信息翻译与解读、信息复制与拷贝等。档案信息服务方法虽然与之大同小异，但也有其特殊性，突出表现在提供利用的控制方法上，这里的控制有两方面，一是利用权限的控制，二是信息可用性的控制。控制是为了更好的服务，一方面良好的控制有利于保证信息的完整性和真实性，另一方面，适度的控制不但不会限制服务，反而能促进服务，只有信息拥有者感觉到了安全可靠，能为自己所掌控，才会积极提供利用，否则只会束之高阁、严加守护。正因控制方法的研究和运用不到位，在网络与数字环境下，档案信息服务与图书馆服务的差距不是缩小了，反而日益扩大，这是因为大多数档案馆仍然提供的是大众化信息服务，而为了档案信息的安全和可控，所谓"大众化"就成了空头支票，只有寥寥可数的信息可资利用，而且还是经年不变的内容，为此，笔者在硕士论文中就提出数字环境下档案机构可利用论坛、博客、即时通信乃至无线通信设备等方式提供小众化信息服务，以增强范围和质量上的可控性，通过理念与方法的革新，来提高档案信息服务的层次和水平。

3. 归于管理方式的方法

（1）文件计量分析方法。

文件计量分析是指通过对特定范围内具有某个（或某些）特征的文件（档案）进行统计，分析其量的变化和发展趋势，并建立这些趋势与机构职能活动之间联系的过程。而在文件计量分析中所发现的、可以套用于管理活动的公式和规律就是文件计量方法。

目前对文件计量分析的研究还不多见，其方法的提出自然会遭到质疑和非议，但从管理实际需要和档案管理理论研究的发展来看，是十分必要也是有一定可能的。一方面可以作为科技文件（档案）管理的依据，由于这三类文件在管理程序和利用权限上有一定的区别性，发现规律可以科学地指导档案人员介入的时间和方式；另一更重要的方面，通过文件计量分析发现的规律对于管理资源的配备有着积极的意义，在人员的调动和资金、物质的保障上能做到更为科学和理性，而不是以往的全凭经验或估计。如通过大量的分析和数据支持，可以对一般新产品的研发周期进行准确预测，并可将这个周期进行阶段划分，掌握每个阶段的各类人员配备的规律，这样在人才的引进上就不会显得过于随意和不知所措了。

文件计量分析对于机构管理理论上也是可用的，如对职能部门在一定时期内下行文和上行文的比率分析，可以研究与推定该机构职能和地位的对应关系；又如通过对机构发文主题词重复率的分析，可以判定该机构的核心职能；再如联合发文分析，若联合发文占本部门总发文量50%以上的，可视为综合性管理部门。当然，由于笔者并没掌握足够的数据，上述推演实为一大胆的假设，主观臆断成分大于科学实证依据，但不失为一种思想的火花，或许能引出价值不菲的玉石真金。

文件计量分析方法与图书情报学的文献计量方法的主要区别在于：虽然两者都是对文献的某一属性和特征进行统计分析，但分析的文献类型不同，文件计量分析的对象限于文件与档案，后者则主要是图书和期刊；两者的研究目的不同，文件计量方法是为了分析社会与机构管理职能与活动规律，而文献计量方法主要用于分析科学研究活动，如用于发现文献内容的价值规律、评价文献和研究成果的质量等。

文件计量分析法与档案统计主要区别还在于出发点和目的不同，从而统计数据的采集与需求也就有所不同。前者是基于管理方式的视角，要发现文件的量与社会、机构管理活动的关联，主要统计对象是具有某种特征或某个范围之内的文件或档案；后者是出于对档案工作情况的掌握，主要统计对象是馆（室）藏档案资源、人员、设备和建筑等，收集的数据也相对更为宏观。

文件计量分析法与文件信息分析的区别在于：文件计量法是对文件类型或特征的统计

和分析，在考察量的变化的基础上，对文件生成者（单位）进行职能分析，以优化管理程序、提高管理效率，因而属于管理方式维度；而文件信息分析是对文件内容的加工和分析，其结果是产生新的信息———一种可资利用的半显性资源，或是实现对其他管理资源的信息保障，所以位于管理资源维度。

（2）文件生成流转方法。

这是管理方式维度档案学的重要方法，文件生成流转方法总体而言是一个跨学科的范畴，传统的文件生成流转方法是文书学和行政管理研究的主要内容，而数字时代的文件生成流转方法则是电子政务和电子文件管理研究关注的重点，此外由于流转依赖信息传播渠道，对传播学相关知识的掌握也是十分必要的。

（三）主体塑造

主体既是学科与研究体系建构的推动者和参与者，也是进行建构研究的重要内容。前者是指任何学科或研究的构建都需要一定的研究人员提出、发展和完善，管理维度空间档案管理理论研究建构也不例外，需要研究人员具备"大管理"的思想和观念，对管理维度理论和档案学科体系有深刻的理解；后者是指建构的体系中，除了内容和方法外，还必须包括对主体的研究，否则就会存在结构缺陷，而且真正的管理活动中，实践者如果缺乏相关的理念、知识和技能，也无法胜任相关要求并达到预期目的。因而主体的塑造就成为必须和必然，由于主体具有思维上的自主性和创造性，所以应该从如下两方面着手进行：

1. 理念养成

管理维度空间的档案管理理论研究，首先需要研究主体具备相应的思维方式和研究理念，只有在认识到并深刻理解管理维度空间档案管理理论研究的重要性和发展潜力及其在提升学科和研究主体中有巨大价值的前提下，才能积极主动地以此为指导，去熟悉、研究与建构相关理论与研究体系，可见理念是主体塑造的首要内容。

所谓理念，在哲学上是指一种理想的、永恒的、精神性的普遍类型，在西方最早被柏拉图所提出用于指理智的对象（即理解到的东西）。但一般理解为人们对所从事工作的一种基本信念，也指对事物的明确的基本认识。理念属于观念的范畴，但是一种体系化的具有一定稳定性的观念，能对主体的一般观点、看法和想法产生影响。可见理念的获得和形成不是一蹴而就的，需要通过长期的影响和努力养成，其作用发挥更是一个日常、反复、持久的过程。管理维度空间档案管理理论研究的理念养成包括两种类型主体，一类就是研究者自身，他们是直接决定研究广度和深度的主导性力量，其理念的养成能在理论和实践领域有基础作用和导向功能；另一类实践者，他们是理论的推行者与检验者，其理念的养成能增强执行的自觉性和积极性,并能一定程度地促进成果转化和优化。

促进理念养成的途径主要有输入和挖掘：前者是指通过解释、说明、引导、示范等外在影响,让研究主体认识、理解、领悟并形成目标理念；后者是指通过发现、提取、抽象等方式,让研究主体意识到自身业已存在的理念相关因子和元素,进而将潜在的意识转化为内在的自觉。具体到管理维度空间档案管理理论研究而言,在起步阶段输入是主要的方式和途径,能较快地让理论者和实践者摆脱传统模式的束缚,形成大管理的思维和理念,进而明确管理维度理论对于档案管理理论研究的功用及其与档案管理理论研究互动关系,而随着影响的扩大,特别是在理论向实践推广期间,就要加大"挖掘"的力度,让相关研究与成果得到更多的认可和认同。

2. 素质培育

素质原本是一个生理学概念,指人的先天生理解剖特点（如脑、神经系统特性及感觉和运动器官特点等）,是心理活动发展的前提。而广义的理解,是指完成某项活动所必须具备的基本条件,包括必要的思想、道德、意识、情感等人格素质和知识层次、智慧能力、专业素养等综合素质。这种理解的素质既包括先天的基础,也包括后天的成长,因而可以通过学习、教育和实践活动予以改变和塑造。具体到本书所研究的素质,主要指管理维度档案管理理论研究所需的知识结构、方法技能和基本素养（如职业道德、执业态度）等。素质培育的对象同样既包括档案管理理论研究人员也包括档案实践工作者,在我国这两类的素质培育的主要途径是教育和培训。

档案管理理论研究和档案活动在社会与机构管理中的功能发挥,需要专业人才系统掌握与自觉运用一般的管理思维与原理,人才的培育首先应该包含一般管理基本素养的内容,只有这样专业思维、专业原理、专业知识与技能的运用才有基础和动力,这也是主体素质教育与培养中所必须遵守的原则和有待解决的问题。现有的基于管理视角的档案人才素质培育研究主要聚焦于高校档案专业教育上,对职业技术教育和业务培训等则关注不多。

湘潭大学的王协舟、何振和肖文建等就提出,"档案学专业课程体系应包括七大模块,他们在模块设计时十分重视培养档案专业人员的管理素质,如'学科基础课程模块'中就有管理学原理、秘书学概论、信息管理概论和电子政务基础等课程,最具特色的是专门开辟了"管理素养拓展课程模块",具体课程有管理思维与科学研究方法、中国古代管理思想史、西方管理思想史、行政管理学、公共管理学、企业管理学、项目管理导论、知识管理导论、公共危机管理、办公室管理、行政职业素质与技能等一大批管理类课程。"①

黑龙江大学的倪丽娟在其《培育管理学底蕴夯实专业基础——完善档案学专业教育的对策思考》一文中提出，"要加大基本管理思维与原理教育，培养学生掌握基本管理素养，并认为管理思维是档案学专业人才培养的着眼点。"②

当然，"学科研究和管理活动所需的人才应该是多元化和多层次的，如要利用多媒体技术来记录和跟踪管理过程，就对摄影、摄像技能和艺术专业人才有一定的需求，因此在基本素能培育的同时，要注意维护人才的个性和差异性，在培养方法上不妨来点后现代主义，"③ 这是盛玉的《后现代主义对档案学课程改革的启示》的核心观点。

上述研究对于管理维度空间中档案管理理论研究主体的素质培育是非常有借鉴价值的，此类成果的诞生正说明了这些研究人员本身就具有相当的"大管理"的理念和素质，这也是本研究的动力和希望所在。

---

① 王协舟，何振，肖文建. 档案学专业课程体系设计与实践教学改革——以湘潭大学档案学专业为例 [J]. 档案学通讯，2006（5）：4.
② 倪丽娟. 培育管理学底蕴 夯实专业基础——完善档案学专业教育的对策思考 [J]. 档案学通讯，2009（01）：56-59.
③ 盛玉. 后现代主义对档案学课程改革的启示 [J]. 云南档案，2009（01）：10-12.

第三章 档案管理的业务范畴研究

第一节 档案收集与归档文件处理

档案收集（archives collection），是档案馆（室）取得和积累档案及有关资料的一项工作，是档案管理工作的重要环节，是档案室工作的起点，其手段主要有接收、征集和寄存三种形式。"收集整理是档案后期开发利用的重要基础。只有做好档案收集整理工作，后期档案信息资源的开发利用才有保障。"[①] 可见，做好档案的收集工作，是进行档案工作整体建设的起点和保证。

一、档案收集归档的基本内容

档案收集工作是档案工作的开端。当面对数据较多的各种原始资料文件，往往不免有很多疑问，如哪些文件资料是有档案价值的；哪些文件资料需要归档；需要归档的文件材料又该如何归档等。因此，为了档案管理工作的有序开展，应在档案工作共同的管理法规、规范的指导下明确或建立各高校相应的工作标准。

做好档案收集归档工作是做好档案工作的保障。一般在成立档案工作机构后，就应根据党和国家以及上级机关的有关规定，建立相应的档案管理制度体系，归档制度是其中重要的制度之一。归档制度主要包括：各类文件材料整理及归档办法，各类文件材料分类方案、归档范围和档案保管期限，归档时间要求，各部门和有关人员档案工作责任制，档案装订规范，卷内文件整理排列规范等内容。其中，文件材料分类方案、归档范围、保管期限表，简称"三合一"制度。"三合一"制度是基层文书档案人员在实践工作中形成的一项文书档案管理制度，一般呈现为表格形式，有按机构分类、问题分类两种体制，表现为文件材料分类方案、归档范围、保管期限三部分内容。

[①] 栾岚. 档案收集整理工作常见问题与应对策略 [J]. 兰台内外, 2021 (18): 43-44.

二、档案收集归档应把握的原则

为了确保将应该归档的文件材料齐全完整地归档，在确定收集范围和划分保管期限时，应把握基本原则，概括而言，主要从以下方面加以把握：

第一，遵循规律原则。遵循文件材料的自然形成的特点和规律。文件材料整理工作应维护档案工作内在联系的整体性，顺应文件材料自身的形成特点和规律。另外，还要保持文件材料间的历史联系。所谓文件间的历史联系，就是文件在产生和处理过程中形成的内部相互关系。文件之间的历史联系，主要表现为文件的来源、时间、内容和形式等方面。

第二，人为重原则。人为重原则即重视与人相关的文件材料。以人为重的原则体现的是"以人为本"的概念在各项活动中的运用和落实，凡与个人利益密切相关的文件材料，都是重要的原始材料，这些文件材料不仅利用率会越来越高，而且还具有维护社会和谐的重要意义，因此是重要的归档材料，在定期保管期限时应从长划定。

第三，便利用原则。便利用原则是指档案的收集归档要方便保管利用。作为档案最重要的价值恐怕就是为各项工作提供资料了，因此档案的收集归档要有规律可循，便于日常查找调用，不能成为装样子的收藏品和展览品。

第四，重质量原则。档案的收集归档要贯彻应用"质量观"，要求档案馆（室）工作人员能够综合运用现代管理技术、专业技术、现代化设备和科学方法，能够科学有序地做好档案收集归档工作，建立档案的电子备案数据库，从而能对馆藏档案有个清晰全面的了解，及时剔除无用冗杂档案，补充规整有价值、有需要的档案。

三、档案收集归档的主要方式

收集工作是档案工作的重点，也是一个难点。因为要收集的档案在很大程度上处于不确定或稍纵即逝的状态。收集工作应注意树立广大教职工的档案意识，发挥基层人员的作用，调动全员参与的责任，做好档案工作的重要一环。档案收集工作是广角度、多层次的。要重视现行文件的归档。档案的收集方式主要有以下几种：

第一，随时收集。在一项工作完成之后，及时将有关资料收集归档。在部署工作时，同时安排对文件资料的归档要求，逐步形成良好的工作习惯。对于基建档案、照片档案、荣誉档案等则在项目完成之后应随时收集，收到事半功倍的效果。特别是一些容易遗漏的档案资料，如出国人员带回应归档的材料，有关人员外出开会及调动应归交的材料等。

第二，制度归档。归档制度是使文件材料流向档案管理部门的规程，是为文件材料的收集所做的制度保证。

第三，主动征集、上门收集。在日常工作中，有的人档案意识不强，办完一件事，文件材料没有及时归档，需要时文件早已不知去向了。在归档问题上，由于人们的认识不一致，该归档的材料有的人不愿上交，担心自己使用时不方便。因此，这就需要档案部门一是发挥工作的主动性，多说服动员，努力把该归档的文件材料收集齐全。二是尽可能参与到某些活动中去，了解活动过程，随时注意收集材料。三是对重要的或者散佚的文件材料，精心核查寻觅，还要采取主动上门征求的办法进行收集，弥补某些重要材料的空白。

第四，复制。对散失的或者孤本文件，采取复制的办法进行收集。如借取其他机关或个人的藏本，进行临摹或复印的方式，争取能够丰富馆藏档案，完善档案文件体系。

总之，档案资源是一个长久不断的积累过程，档案收集是一项经常的、深入的、具体的工作，不可能一劳永逸。应该坚持随时收集和集中收集相结合的办法，各种方法同时进行，建立完整的档案收集体系。

第二节　档案的整理立卷

档案整理是档案馆（室）对收集来的档案分门别类组成有序体系的一项业务，是档案管理中的一项基础工作。即指按照一定的原则和方法，对零散和需要进一步调理化的档案进行区分全宗、分类、立卷、编制案卷目录等一系列的活动。这项工作的目的是建立档案实体的管理秩序，使档案系统化。档案整理的是解决档案零散到系统、由无序到有序的问题，为档案鉴定、保管、检索、利用、编研等工作奠定基础。

档案管理所要解决的核心问题就是使无序状态的档案文件有序化。

一、档案整理工作概述

（一）档案整理的内容

档案整理的内容，就是将归档文件材料转化为档案之前的过程中的工作内容。这里包括以下三层含义：

第一，档案整理是对收集起来的文件材料进行加工的过程。在没有加工归档之前，原有各项工作的文件材料还不能称为档案，因此不能有效地提供利用。这便需要负责立卷的文书或业务部门把收集起来的档案资料进行基本的分类、组卷、卷内文件的排列、案卷封面的编目、卷内文件目录的填写、卷内备考表以及案卷的装订。

第二，档案的整理是将无序的文件材料有序化和系统化的过程。在日常工作中，需要档案室（馆）对接收归档的案卷进行系统的整理。比如对于那些不符合整理要求的案卷，不便于保管和利用的案卷，进行局部调整，对于零散文件进行全过程的整理、对案卷进行系统的排位等。

第三，文件材料的整理是按照科学的方法和规则进行的，是一项专业技术性的工作。通过收集工作集中到档案室的档案，只有经过科学整理，使零散的文件材料实现条理、有序，并将其中的关键成分通过整理凸显出来，才能有效地提供利用。这不仅要求档案管理工作要有准则法规的指导，还要求档案管理的工作人员能够掌握现代信息技术，提高业务水平。

（二）档案整理工作的基本原则

1. 保持文件间的历史联系

文件间历史联系是指文件在产生和处理过程中所形成的内部相互关系，也称为文件的"内在联系"或"有机联系"。

在文件整理工作中保持文件之间的历史联系，其目的在于使档案能够反映其形成者的历史面貌。文件间的历史联系主要表现在以下几点：

第一，文件在来源上的联系。来源一般指形成档案的社会组织或个人。同属于一个形成者或同类型的形成者的文件在来源上有着密切的联系。例如华源物业公司的收文、发文和内部文件，属于同一个形成者，具有来源上的密切联系。因为不同来源的文件反映不同形成者历史活动的面貌，所以整理档案时必须先保持文件在来源上的联系。不同来源的档案不能混淆在一起。

第二，文件在内容上的联系。内容指其涉及的具体事务或问题；同一个事务、同一项活动、同一问题所产生的文件之间必然具有一定的密切联系。整理档案时保持文件之间在内容上的联系，有利于完整地反映其形成者各种活动的来龙去脉和基本情况，也便于查找利用。

第三，文件在时间上的联系。文件的时间指的是文件的形成时间。整理档案时保持时间上的联系，有利于体现形成者活动的阶段性、连续性和完整性。

第四，文件在形式上的联系。形式上的联系一般指其载体、文种、表达方式以及特定的标记等因素。整理档案时保持文件形式上的联系，有利于揭示文件的特殊价值，便于档案的保管与完整性。

2. 尊重和利用原有的档案整理成果

尊重和利用原有的档案整理成果是指后继的档案管理者要善于分析、理解和继承前人的整理成果，不要轻易地否定或抛弃。应该做到以下几点：

（1）在原整理基本可用的话，就要维持原有的秩序状态。

（2）局部不合理，只能调整局部。

（3）若原有整理的确很差，无法实行有效管理，可以进行重新整理；但在整理时应该尽可能地保留或利用原有基础中的可取之处。

3. 利于档案的保管和利用

一般情况下，保持文件之间的历史联系与便于保管和利用之间是一致的，但在某些特殊情况下二者可能发生矛盾。例如，产生于同一次会议的档案，有纸质文件、照片、录像材料等，他们的保管要求不同，因此整理时要综合考虑各种因素，分别整理，以利于保管和利用。

二、文书材料的立卷

文书材料的立卷，又称组卷，就是将档案工作中形成、运转、并处理完毕的有关文书材料，按照一定的规则和联系分别装订成册或装盒。对已经处理完毕的文书材料之所以要进行立卷。是由文书材料本身所具有的参考作用和凭证作用等历史价值所决定的。

（一）立卷的具体作用

在立卷的当初显得并不是那么明显，甚至在立卷期间有的同志还会觉得影响了利用。当然，在立卷期间可能会影响个别通知的利用，但那只是暂时的，从长远上看，立卷正是为了保证更好地提供利用和供更多的人利用的。文书材料立卷的具体作用，主要有以下几种：

第一，便于档案室（馆）在日后工作中有关文件继续贯彻执行。在文书材料中，有的效用是一次性的或短时期的，如"通知""通报"和任免"决定"等；但是许多文件的效用却是体现在较长时期的。有的可能几年或几十年。例如，租赁合同、基建计划和拨款方案等文书材料，在一个年度里可能会执行一部分，即使有了一定的进展和成果，也只能说明是工作仅仅告一段落，其余都还需要在两年之内继续进行；长远规划等文书材料，在效用上体现的时间更长些，可能会三五年乃至十余年。对于长期产生实际效用的文书材料，必须长期保存，而且要保存好，也不能因机构和人员的变动而丢失。

第二，便于反映档案室（馆）历史发展的真实面貌。一个档案室（馆）的大量文书材料，都是在日常实践活动中根据实际需要而自然形成的。这些原始的文书材料，随着历史的不断发展，构成了祖国宝贵的历史文化财富。所以，对文书材料进行及时立卷，不仅便于当今工作的查考利用，而且将会积累起大量的历史资料，为后人研究历史、研究科学、总结经验、吸取教训，更好地建设我们的祖国，提供丰富的有价值的借鉴性史料。

第三，便于保持文书材料之间的内在联系。档案室（馆）在日常实践活动中根据实际需要形成的许许多多的文书材料，就某一份来说是孤立的，并独立地反映着一个特定的内容，但是就总体而言又可以将这许许多多的文书材料按其所反映的不同内容分成若干类，而且就同一类中的同一项工作或同一个问题所形成的若干份文书材料之间又是有着密切的乃至不可分割的内在联系。立卷的作用之一，就是将具有内在联系的文书材料放在一起，以便于有关人员的利用，也便于保持事物本来的联系和全貌。

第四，便于保证档案室（馆）文书材料的完整和齐全。档案室（馆）日常工作中形成和运转的各种文书材料，由于工作需要，有的在文书人员手里，有的在领导同志手里，有的被其他单位临时借走。文书材料长期分散各处，不仅不便于其他人的利用，而且更容易丢失，也容易破损。及时将各有关文书材料收集起来组成相应的案卷，就可以避免丢失和破损，进而保证其完整和安全，只有这样，才能更好地保证为日后的利用提供服务。

第五，便于文书材料的保存。单位的文书材料由于规格不一，是不便于保存的。将文书材料加以分类，组成相应的案卷，并加以装订，既便于搬运，又便于保存。

第六，便于文书档案的收集。文书档案收集工作的一项重要任务就是要保证文书档案的齐全完整，而立卷的本身就是从基础上保证文书材料的齐全完整的。并为档案馆的工作奠定了良好的基础。

（二）立卷的基本原则

第一，保证立卷文书材料的齐全完整，防止对反映重大活动的文书材料的遗漏。这一原则，是由立卷的目的和社会对文书档案工作的要求所决定的，无论是制定发展规划、确保方针政策，还是总结经验教训、制订改革方案，都需要参考大量的历史资料。而这些大量的文书材料，正是需要文书档案及时提供的。研究历史事件更需要有大量的齐全完整的文书档案做依据。所以，立卷时就必须注意将各项重大活动中所形成的文书材料都组入卷内，反映每一具体活动的文书材料都组入卷内，而且反映每一具体活动的文书材料也要齐全完整。

第二，尊重文书材料的历史联系，反映档案工作的真实面貌。文书材料的立卷，更重要的目的是为祖国积累丰富的历史文化财富，确凿地记载祖国的文明发展史，并为日后总结工作经验和科学研究提供真实的凭证和大量的参考资料。所以，文书材料的立卷工作，是维护党和国家历史真实面貌的伟大事业中不可缺少的一部分。为使所立的文书档案能够很好地反映档案工作的真实面貌，在立卷工作中注意保持各文书材料之间的本来历史联系是非常重要的，因为文书材料是工作实践活动中自然形成的，它们之间的先后顺序和主从关系，也是根据实际需要而自然确定。

第三，以文书材料反映的问题为主，便于查考利用。在一个档案室（馆）里，所立卷的文书材料一般都可以组成许多案卷。组卷时，可以考虑时间特征，也可以考虑作者特征。

第四，案卷的组成要适宜，便于管理。由于文书材料的大小都是有一定规格的，所以对组卷的适宜程度，主要是指案卷的厚与薄，案卷较厚，不便于装订和翻阅，更不便于影印，案卷较薄，在管理的文书档案中卷皮所占的比重较大，写卷花费的时间较多，所以组成中等卷为宜，即卷内一般在两三百页以内为宜。

（三）立卷的注意事项

立卷中经常遇到并需具体处理的问题包括五点：

第一，适当考虑文书材料的保管期限，将同一问题而又同一保管期限的有关文书材料组在一个卷内，这是很理想的；但是如果文书材料较多，一卷容不下组在相邻的几个卷内也是可以的。但是保管期限也不是绝对的，可以根据实际需要变通，以材料的完整保存和便于考察利用为基准。

第二，适当考虑文书材料所反映的问题，以问题为主也不是绝对的，在同一保管期限的相近的两三个问题都不能独立地组成一卷，也可以组成一个综合卷，或称混合卷，这样的案卷，按问题查找起来也并不困难。

第三，在卷内文书材料的排列上凡是属于同一问题的，各文书材料可按形成时间并结合其重要程度进行排列，凡综合卷内的文书材料，则应把问题集中在一起，然后按各种问题内的文书材料形成时间和重要程度排列。

第四，及时编写页号，以免材料混乱或丢失。

第五，凡属绝密文书材料，一般要单独立卷，不必受文书材料多少的严格限制。

第三节 档案的检索、编研与统计

一、档案检索

档案检索原理就是将特定的档案利用需求与存储在检索系统中的档案检索标识进行比

较与匹配，选取两者相符或部分相符的档案信息提供利用的过程。无论手工检索还是计算机检索，其基本原理都是一样的。

（一）档案检索的类型与作用

具体而言，检索系统对所要存储的档案信息，按照档案内部特征和外部特征赋予规范化标识，然后存入系统。在检索时，将所需档案的特征标识与所存档案的特征标识进行比较和匹配，凡是标识一致和匹配的，就将具有这些标识的档案从检索系统中输出。

1. 档案检索的不同类型

档案检索包括许多类型，根据检索对象的不同，档案检索可以区分为三种不同的类型：

（1）档案文献检索。它是档案检索的主体部分，以特定的档案文献为检索对象，包括全文检索、目录检索等。

（2）档案数据检索。它是以特定的档案信息数据为检索对象，包括统计数字、图表等。

（3）档案事实检索。档案事实检索以特定档案信息所记录和反映的事实为检索对象，如有关某一事件发生的时间、地点、人物和过程等。

2. 档案检索的主要作用

档案检索是利用者获取档案信息的重要手段，是连接档案信息资源与档案信息用户的通道和"桥梁"，其主要作用表现在以下方面：

第一，档案检索是有效利用档案信息资源、实现其最大价值的科学方法。档案检索提供了一套比较完整科学地利用和开发档案信息资源的方法，包括档案检索策略的制定、档案检索工具的选择、档案检索手段的选择等。

第二，档案检索是再学习的工具，是获取知识的有效途径之一。档案检索是人们获取档案信息和知识，提高自身素质和修养的重要途径之一。人们通过档案检索工具或档案信息检索系统，获取档案信息，完成知识更新，以适应社会的发展。

第三，档案检索能有效提高科研工作的效率，节省人力物力及时间。对于科研工作者而言，档案信息检索十分重要。科研人员如果掌握科学的档案检索方法，可以节省大量的时间，避免重复劳动。

（二）档案的著录和标引工作

档案的著录和标引工作都是形成档案检索条目的必要步骤，但两者有一定的区别。首先，著录和标引虽然都从档案内容着手，但它们分析内容的范围不同。著录需要对档案进行全面分析，既要分析档案内容特征又要分析其形式特征，而标引的任务在于准确、扼要地揭示档案的内容特征，为利用者提供查检的标识，因此，标引只需分析档案的基本内容。其次，著录、标引的表达方式不同。著录对它所揭示的档案的内容特征和形式特征采用直录的方式，即用自然语言直接表述；标引则必须经过语言的转换，使用检索语言来表达档案的主题内容。

1. 档案著录

著录项目是揭示档案内容特征和形式特征的记录事项。包括题名与责任说明项、稿本与文种项、密级与保管期限项、时间项、载体形态项、附注与提要项、排检与编号项。内容特征是指从档案正文中直接获取的特征；形式特征是指从档案正文以外获取的特征。档案著录项目共分七项，每项分若干著录单元（小项）。

（1）题名与责任说明项。题名与责任说明项包括：正题名、并列题名、副题名及说明题名文字、文件编号、责任者、附件等。

（2）稿本与文种项。稿本是指文件的文稿、文本、版本的名称，如正本、副本、草稿、定稿、手稿等。文种是指文件种类的名称。

（3）密级与保管期限项。密级与保管期限项包括：密级和保管期项目。密级是指文件的机密程度。保管期限是依档案价值划分的保管年限，分永久、长期、短期三种。

（4）时间项。时间是指单份文件形成的时间，或者是案卷的卷内文件的起止日期。

（5）载体形态项。载体类型标识：如胶片、胶卷、磁带或磁盘等非普通纸质载体。载体形态是指档案载体的物理形态特征，包括数量，统计单位（页、张、卷、米等），规格（载体的尺寸）等。

（6）附注与提要项。附注是指对各著录项目加以说明和补充的项目。提要项用于对档案内容的简介或评述，比如对档案内容的概述、特征简介等。

（7）排检与编号项。排检与编号项是档案目录排检和管理业务的注记项，包括：分类号、档号、电子文档号、缩微号、主题词或关键词等。

2. 档案标引

检索标识是利用者查检档案的线索，也是检录条目排序的依据，在档案检索中具有重要的作用。成为档案信息存储的关键，标引工作的质量直接影响检索工作的准确率和周全率。档案标引包括主题分析、标识给定和标引审定三个步骤。

（1）主题分析。主题分析，即分析判断档案记录或反映的中心内容，确定被标引档案主题概念的过程。主题分析不当，就无法正确给定标识，从而直接影响档案的检索效率。这就要求必须对档案内容有全面、深入的了解，主题分析的主要内容是主题的类型和构成因素。主题的类型依据档案内容可分为单主题和多主题。单主题是指一件（卷）档案只表达一个问题。根据主题概念语义性质的不同，单主题中又有单元主题和复合主题之分。单主题是指用一个单元词即可表达的主题，如《××大学关于住房问题的若干规定》。用"住房"一个单词即可表达其主题。复合主题又称多元主题，是指用若干个单元词组配或直接采用复合词表达的主题，如《××银行调整储蓄利率的公告》一文，需要用"储蓄"和"利率"两个单词组配才能表达其主题。多主题是指一件（卷）档案表述两个以上的问题。如《××市关于加强市场管理和取缔非法经营的通知》一文，即表达了加强市场管理和取缔非法经营两个主题，应分别予以标引。

主体因素，是指反映文件或案卷所论述的主题中关键性内容，作为对该文件或案卷的检索入口。在标引过程中，将主题划分为这几种主题因素的主要目的在于确定标引的内容。在档案标引中，主体因素必须标出，时间因素一般也需要标出，位置因素作为文件作者时一般不标，作为论述对象时需要标出。

（2）检索标识的给定。检索标识的给定，即"概念转换"，是指把主题分析确定的主题概念转化为规范的检索标识，注记在档案著录条目上的过程。档案标引包括分类标引和主题标引。由于分类语言和主题语言揭示事物的角度不同，其标引的方法和要求也不相同。分类标引从事物的共性出发，按照档案内容反映的职能分工、学科或专业特性，将其归入相应类别，然后依照档案分类表给出相应的分类号；主题标引则要从事物的特性出发，根据主题分析的结果，依照主题词表给出最确切的主题词。

主题词组配标引是指标引档案时，利用主题词表中若干主题词的逻辑组合，表示档案主题或某一复杂概念的过程。组配是检索语言的一种重要功能，起到提高标引的专指度，控制词表的体积，扩大检索途径，适当调整检索范围的作用。主题词组配的一般规则是：首先，组配必须是概念组配，而不是字面组配。组配标引必须采用概念纽带，即词义组配的方法。概念组配反映主题之间的逻辑关系，为标引的准确性提供保证；顺字面组配虽然有时也能拼凑成匹配概念的情形，但是，由于各组配之间毫无联系，往往容易出现虚假组配或错误组配。其次，组配必须选用与主题词关系最密切的或最邻近的主题词进行组配，不能越级组配。最后，不要用泛指的主题词或相互矛盾的主题词进行组配，以保证组配结果清楚、确切，表达一个主题。

（3）标引审定。标引审定就是通过对检索标识质量的审查，将标引结果固定下来，它是标引工作的最后一个环节。标引质量包括标引的客观性、专指性、全面性、一致性和适当标引深度。因此，标引审定的内容包括：主题分析是否准确。包括主题提炼得是否全面，有没有遗漏隐含主题，被标引的主题是否有检索意义等；检索标识是否正确，即检索标识是否专指，标引是否符合标引规则和组配规则；标引深度是否得当，即无标引不足或标引过度的现象；条目格式是否规范，即著录项目、著录符号是否符合档案著录规则；主题标引是否一致，即相同主题前后标引的内容和方法是否相同。

（三）档案检索工具——计算机检索

"档案检索工具是由反映档案内容和形式特征的条目，按照既定的顺序组成的档案检索信息的载体。"[①] 目前，档案检索正逐步从传统的手工检索向计算机检索过渡，计算机检索代表了档案检索的发展趋势。

1. 计算机检索结构的设计要求

对计算机检索结构的设计要求主要是对软件系统的设计要求。软件系统应具有以下特点：

一是先进性。先进性即设计出的软件系统有较先进的技术含量，保证系统不被轻易淘汰。

二是标准性。标准性是指应根据一定的统一标准设计有关系统。这样，在检索时就可尽量减少人为原因而引起的误差。如在设计企业档案软件时，可根据《档案著录规则》的相关规则来设计，这样各种档案都能以相同的著录标准进行著录，这样做不仅能方便用户检索，而且也可促进信息间的交流。

三是完备性。完备性是指检索系统应具有完善的多种功能。例如，检索系统应提供多种检索途径，如主题词、责任者、分类号等；还应能根据用户的需求，提供多种显示和输出方式。

四是简易性。软件应易学易用，最大限度地减少用户的人工干预和简化管理人员及用户的操作程序，从而节约人力物力，提高检索效率。

2. 计算机检索的具体过程

计算机检索与手工检索的原理是一样的，也是由存储和查检两部分组成，在计算机检索中通常称为输入和输出。在输入阶段，要把反映档案的内容和形式特征的著录项目录入计算机，存入数据库并根据检索需要建立相应的倒排文档。在输出阶段，要根据利用者的提问编制恰当的检索策略，形成检索表达式，并将其输入计算机，在数据库中查找后将结

---

① 尹林梅. 档案检索工具及其体系探讨 [J]. 黑龙江史志, 2013 (23)：105.

果输出。

计算机检索的具体过程大致分以下几个步骤：

第一，分析检索的主题，明确检索目的和要求。分析检索的主题，明确检索目的和要求即要确切了解所要查询的目的和要求，确定需要的信息类型（全文、摘要、名录等，文本、图像、声音）、查询方式（浏览、分类检索、关键词检索）、查询范围（所有网页、标题、新闻组文章、FTP、软件、中文、外文）、查询时间（所有年份、最近几年、最近几周、最近几天、当天）等。不同目的的检索应使用不同的查询策略，不同的查询策略会产生不同的检索结果。尽可能多地了解检索目标，不仅能帮助用户确定所需要的信息类型、查询方式、查询范围、查询时间及采用何种限制条件，而且能更好地理解查询结果，并准确地捕捉到它。

第二，选择合适的检索工具。检索工具选择得当与否，直接影响到信息检索的效率和质量。根据课题分析所确定的范围，选择自己熟悉、没有语言障碍、收录全面、报道及时和附录索引完整的检索工具。

第三，对信息需求进行概念分析。为了准确表达用户所需信息的主题，需要确定其概念和检索标识，选择能代表各概念层面的检索项，从而把主题概念转换成适合系统的检索标识，完成用户信息需求由概念表达到计算机系统所能进行的检索标识表达的转换。

第四，制定检索表达式。检索表达式是检索策略的具体体现，是用来表达用户信息需求的逻辑表达式，由检索词和各种算符组配形成。具体操作步骤包括提取检索词、组配检索词、调整检索式。

第五，输入检索词，进行查找，检出相关资料。检索词的输入方法有：直接输入、索引中取词、复制输入、利用保存式输入。①直接输入：直接输入是计算机检索最常用的方法，一般是在检索框中逐词输入。在联机检索中，如果检索式较复杂，应预先处理好检索式，以免在联机检索中增加费用。②索引取词：大多数计算机检索系统提供从索引中选词的功能。当不能准确判断检索用词或检索词拼写不清楚时，可从索引中取词，索引中取词更加准确。③复制输入：利用计算机系统提供的复制输入功能，将已有的检索式中的某些检索词或从检索记录中复制的所需要的检索词，粘贴到检索输入框中。④利用保存式输入：利用计算机系统提供的保存检索式功能，把已保存的检索式调入检索输入框中，也可对检索式进行修改。

第六，分析检索结果。检索结果若不符合要求，则对检索式进行修改，并重复第五步，直到满意为止。

二、档案的编研

档案信息具有原始性和分布相对分散性,比如,反映某个问题或情况的档案可能保存在不同的文件、案卷甚至全宗当中,有时利用者要了解某一方面的情况就需要查阅大量档案。档案编研工作就是将关于某个专门问题的档案信息收集起来,然后经过选择、加工和编辑,使其成为系统说明情况的材料,集中提供给利用者使用。

(一)档案编研的工作内容

从我国当前档案工作实践及今后的发展趋势看,我国档案的编研概括起来主要有三个方面的内容。

1. 熟悉和研究档案内容,编写多元化档案参考资料

档案的编研工作内容的核心要素就是将检索功能效率最大化。当今社会文献、参考资料、档案记录等的数据繁多,内容的重复性和独特性难以让阅读者在短时间内查询到目标档案资料,因此单纯依靠搜索引擎不足以适应当今的高效社会节奏。为满足查阅者覆盖广泛且目的性强的搜索需求,要求编研工作者对多元化档案进行研读,进行档案素材的框架分类,然后根据内容和核心要素进行精准标签标注。整理后的档案分类更加科学合理,查阅者也能更加有效率地找到目标档案资料。

2. 将机关单位文件档案进行整理和编撰

机关单位的文件档案管理工作多以部室为单位,以年度时间为轴线进行整理汇总,这种纵向型汇编方法能够在已知文件所属部门的前提下,进行迅速查找,但是难以根据关键词进行精确查找。因此,横向关联的汇总方法更人性化,更能提高检索效率。横向关联的汇总方法是将关键词、文件专题、涉及的上下部门、文件编撰者、文件编写和发布时间等多重查找线索进行汇总,编撰成目录,并根据目录文件的编号原则进行分类整理,供权限范围内的查阅者使用。如机关单位内部的红头文件的传阅查找,各部门日常工作的指导性文件和工作记录等。

3. 参加历史研究和编史修志,撰写专门文章和著作

历史的研究对于阅读者而言,是一项工程量巨大且科学性、严谨性要求很高的工作。如参考书籍的历史还原性,历史事件的直接史料记载及相关民间史料记载,已知出土并研究核实的考古学发现,各地留存的地方县志等记载等,翻阅者通过对诸多历史资料的阅读、考证和甄别,才能更加接近历史研究的真相。需要强调的一点是,档案馆的研究和编

撰工作起到的是抛砖引玉的作用，不在于研究的深度，而是在于广度。只有在广泛的研究覆盖之下，才能建立起资料分析、历史事件整理的数据基础，进而让更多的查阅者拥有客观的研究平台，对史料、文章进行深入研究。

编写档案参考资料是档案间接利用工作的重点。常用参考资料可以分为两种：一种是档案文献报道型资料，它包括全宗指南、专题指南、档案文摘等；另一种是档案文献撰述型资料，包括大事记、组织沿革等。

（二）编写全宗指南

全宗指南又称全宗介绍，它是以本组织全宗为对象范围，以叙述的形式对立档单位及其档案的内容和成分等情况进行报道的材料，是向利用者介绍和报道全宗构成者（立档单位）及其所形成档案情况的工具书。

编写全宗指南可以为利用者检索档案提供基本线索，为实际利用全宗中的具体案卷、文件提供基本背景材料。在具体利用全宗内的某些具体案卷、文件时，如果利用者对全宗总体情况毫无所知，则往往难以理解其意义、判断其价值，难以搞清案卷之间、文件之间的关系。有了全宗指南，使利用者掌握了具体利用某些档案时应该具备的基本背景知识，从而有助于提高利用档案的效率。

全宗指南由封页、正文、备注三部分组成。正文部分由全宗构成者沿革、全宗内档案情况简介、全宗内档案内容与成分介绍三部分组成。

1. 封页

封页项目包括全宗指南名称、时间和全宗号。全宗指南名称由全宗构成者的名称（全称或通过简称）及全宗指南构成。例如：北京市计划委员会全宗指南。全宗内档案文件的起止年代，一般采用公元纪年表示。全宗号是指本全宗指南所对应的全宗的编号。

2. 正文

（1）全宗构成者沿革简介。

全宗构成者沿革简介由构成者名称、时间、主要职能、隶属关系、全宗构成者主要负责人名录、内部机构设置及其各历史阶段演变情况等内容组成。

全宗构成者的名称按全称书写，通用简称书写在全称后面的圆括号内。全宗构成者所有曾用名称按时间顺序书写在全宗构成者的沿革中。

全宗构成者沿革应结合时间撰写，和下列内容有关的时间应反映在全宗构成者沿革中：①全宗构成者成立、合并、改组、更名和撤销时间。②全宗构成者内部机构的设置及重要部门的调整、增设、合并、更名、撤销时间。③全宗构成者上级主管机关变更时间。④其他所有反映全宗构成者的重要活动时间。

全宗构成者的主要职能包括全宗构成者的性质特征、职权范围和主要工作与任务。

全宗构成者的隶属关系主要指全宗构成者和其上级主管机关的组织关系和业务关系；全宗构成者和其重要的直属下级机关的组织关系和业务关系。全宗构成者上级主管机关如有变更，也应反映在全宗构成者沿革中。

全宗构成者负责人名录主要包括全宗构成者正副职负责人姓名、职务、任期时间。

全宗构成者内部机构的设置及其各历史阶段演变情况主要包括全宗构成者内部一级机构的名称；全宗构成者内部一级机构正职负责人的姓名、职务、任期时间；全宗构成者内部一级机构的主要职能；全宗构成者内部机构中重要部门的增设、调整、放大、合并、撤销情况及内部一级机构在各历史阶段的变化情况。

此外，还有涉及全宗构成者的重大事件和对全宗构成者产生了重要影响的活动，以及全宗构成者改组和撤销的原因也应在这一部分介绍出来。

如果是个人全宗，应主要介绍其姓名、别名、生卒年月日、籍贯、职务、职称、主要业绩、荣誉称号及简历。

（2）全宗内档案情况简介。

全宗内档案情况简介主要包括档案的数量及保管期限、档案的完整程度、档案的利用价值及鉴定情况、检索工具的配置情况和档案的整理情况。

（3）全宗内档案内容与成分介绍。

全宗内档案内容与成分介绍应以文章叙述的形式，按全宗内档案的实际分类体系结合问题介绍。由于分类体系有多种形式，全宗内档案内容和成分介绍的结构也可有多种形式。如按机构，或按职能，或按专题，或按年代，或按名称等进行分类，如果有必要，类下再设项，再按类项分别对全宗内相关档案的内容和成分进行介绍。现代的综合档案室在编写全宗介绍时，往往先将全宗档案按文书档案、科技档案、专门档案分为三大部分，每部分再设类项进行介绍。全宗内档案成分的介绍一般与档案内容的介绍同步进行，即在介绍某类项档案的内容之前或之后，对这部分档案的成分予以介绍。成分介绍一般涉及档案的来源、文件的作者、档案的形式（文件名称，使用非汉字文字和非纸质载体档案的情况）及形成时间等。对档案内容的介绍，一般应首先考虑按全宗内档案的实际分类体系形成总的框架，再结合问题、重要程度、形式等进行介绍，介绍深度依据档案的重要程度和数量状况灵活掌握。在对档案的内容和成分进行介绍时，根据需要还可对档案的可靠程度和利用价值做简要评述。在逐类项进行介绍之前，若有可能，最好能对整个全宗档案的内容和成分做概括的总述。

3. 备注

备注部分主要介绍本全宗指南的编制情况，有关全宗内档案的补充说明，全宗指南中需加解释的名词、事件及问题，以及全宗内档案增加、调整、遗失、销毁等说明和其他有关问题的说明。

（三）编写大事记

大事记是按照时间顺序，简明地记载和反映一定历史时期、一定范围内发生的各种重大事件和重要活动的参考资料。大事记能够系统扼要地记录重要事件的历史过程，客观地揭示其中各种因素及其相互关系，从而为人们查考事实、研究事物发展规律提供可靠的资料。

大事记的用途主要有三个方面：其一，帮助组织的领导和工作人员了解本组织、本系统、本地区的发展历史和主要情况，以便于掌握一些重要问题的来龙去脉，有效地开展工作，并研究和把握工作规律；其二，为历史研究人员和史志编修人员提供系统的相关资料；其三，它是对人们进行传统教育的素材。

1. 大事记的类型

根据所记载的对象和内容，大事记大致可分为以下几种：

（1）机关大事记。机关大事记记载一个机关在一定时期内的重要活动，如《中国人民政治协商会议北京市委员会大事记》《郑州纺织厂大事记》等。

（2）国家或地区大事记。国家或地区大事记记载全国或一个地区在一定时期内的重大事件，如《中华人民共和国大事记》《广州珠海区改革开放20年大事记》等。

（3）专题大事记。专题大事记记载国家、某一地区、某一组织在一定时期内在某一方面的重大事件，如《香港回归大事记》《四川水利大事记》等。

（4）个人生平大事记。个人生平大事记记载著名人物的生平及重要活动，也称为"年谱"，如《毛泽东生平大事简表》《周恩来年谱（1898—1949）》等。

大事记的名称比较灵活，除了称"大事记"外，还有的称"大事年表""大事记述""大事编年""大事纪要""大事辑要"等。大事记可以作为一种独立的参考资料，也常作为年鉴、专业辞书、史料汇编或专著的附录/置于正文之后。

2. 大事记的编排体例

大事记一般采用编年体，以年月为经，以事实为纬，将大事条目按照时间顺序排列，以反映同时期大事之间的联系。大事记的编排方式有如下两种：

（1）编年体编排方式这是完全按照时间顺序记述大事。有的大事记采用先分历史时期，再于每个时期中按年、月、日的顺序排列大事的方法；有的大事记则采用直接按照大事发生的年、月、日进行排列的方法。

（2）分类编年体编排方式这是先按照事件的性质分类再按时间顺序记述大事，如《中华人民共和国大事记》就是采用此种方法，先按性质将事件分为政治、财政经济、军事、文化教育、中外关系五大类，每类下再分为若干属类，每个属类下的大事按年、月、日排列。

3. 大事记的结构

大事记的结构如下：

（1）题名。题名即大事记的标题，其结构包括大事记的对象、内容、时间、名称等要素。其中时间可以直接列入标题之中，如《浙江省 1949—1963 年行政区划大事记》；也可以写在标题之下，如《南京大事记》（1949—1984）。

（2）编辑说明。编辑说明也可称为编者的话等，是对大事记编写情况的概要说明，其内容包括：编写大事记的目的和读者对象；编写大事记的指导思想和原则；大事记的时间断限、选材标准、材料来源等；大事记的编写体例、结构及某些需要说明的编辑方法、编者的情况等。

（3）序言。序言通常用来介绍大事记记述对象的情况，例如，介绍有关地区的历史发展、建制变化，有关单位的组织沿革、基本职能，有关专题的基本内容和特色，有关人物的主要生平事迹和社会影响等。序言的内容比较精练，篇幅短小，在编写上也可以与编辑说明合并。

（4）目录。目录也称"目次"，其作用是帮助读者查找大事记的条目。大事记的目录应根据编排体例编写。编年体大事记可以按照历史时期或年代列出大事条目所在页次；分类编年体大事记可按所分类目列出大事条目所在页次。

（5）正文。正文是大事记的主体，要求简明、清晰地反映大事的情况。

（6）按语和注释。按语是简要介绍某一事件或问题历史背景和要点的说明性文字，起总括下文、引导阅读的作用，通常排在每个时期或类目之前。注释是对于一些在大事记中出现的现代人比较陌生的人物、地名、词语等进行解释的文字，有脚注和尾注两种形式，其作用是帮助读者理解文中的含义。

（7）附录。附录是大事记的辅助材料，通常包括参考书目、大事主题索引、人名索引、地名索引、行政区划图，以及大事记涉及的地区、单位的具有代表性的数据或图表等。附录的种类根据大事记的内容和读者对象的特点而定,置于正文之后,以便于读者查阅。

4. 大事的选择标准与范围

编写一部大事记首先需要确定大事的选择标准与范围。大事记中应选用确属重大事件的档案材料,避免事无巨细地加以罗列。但是所谓大事和小事在不同的时空条件下是相对而言的,因此,在确定大事时,要从大事记对象的实际情况出发加以选择,做到大事要事不漏、小事琐事不取,才能使大事记清晰而不烦琐,简明而得其要领,全面而概要地记述历史发展的真实面貌。

(1) 大事的选择标准。

第一,从史实的影响方面考虑在大事记所记述对象的范围内,属于全局性、典型性的事件,以及对现实工作和历史发展有重要影响的事件和活动,应作为大事;反之,那些局部的只有一般意义的事件和活动,可作为小事。

第二,从史实的特色方面考虑反映大事记对象的性质、任务、主要职能活动等方面特点的事件和活动应该作为大事;反之,那些反映非主要职能活动、不具有自身特点的事件和活动应该作为小事。

第三,从史实的背景方面考虑在大事记所涉及的历史时期中,反映党和国家路线、方针、政策,以及本地区、本组织中心工作的事件和活动,应该作为大事;反之,那些当时、当地一般性、常规性的事件和活动则作为小事。

(2) 大事的选择范围。

根据以上标准,在编写组织大事记时,可以从以下几个方面选择大事:①组织的各种重要会议、重大活动情况。②组织领导人的各种重要活动情况。③以组织名义制定的方针政策,发布规定,作出的重要决定、决议、规划。④本组织的成立、撤销,以及隶属关系、职权范围、内部机构的变动情况。⑤本组织主要领导成员的任免、奖励情况。⑥本组织工作中出现的典型事件、事故。⑦上级组织或上级领导对本组织的重要指示,以及上级领导到本组织检查工作的重要活动情况。⑧报纸、刊物发表的关于本组织的经验、事故和批评的报道和重要新闻等。⑨重大成果(生产上的重大突破、科研上的重大发明创造、重要产品等),经济建设、文化建设、科学技术的重大变革和成就,以及重大公共设施的建设。

5. 大事材料的收集及核准

(1) 大事材料的收集。

一个组织在工作中发生的大事、要事很多,涉及工作的不同方面,因此,在为编写大事记收集材料时应尽可能通过各种渠道全面查阅有关材料。以编写机关大事记为例，收集大事材料的重点渠道包括以下几个方面：

一是上级领导机关、业务主管机关及本单位的档案文件，它们记载了重要工作活动、重要事件等情况，具有权威性和准确性，是大事记的主要材料来源。

二是上级领导、业务主管机关及本单位的简报、快报、月报、要闻摘报、动态等资料。这些材料记载了各个方面发生的各种类型的大事、要事、奇事，所述事实准确、清楚，是大事记的重要材料来源。

三是报刊、电台、电视等新闻媒介的报道。尤其是当地的新闻媒介，经常宣传、介绍本单位的一些大事、要事、奇事，从中可以获得一些有价值的材料。

四是地方史志、年鉴等纪实性#料。地方史志和年鉴通常是由官方组织、专业人员编写的历史文献，能够全面系统地记述一个地区各方面的情况，具有权威性，可以作为大事记一个重要的参考材料来源。

五是口传史料。有些年代较为久远的大事，未见于正式记载，而在群众中流传。这种口传史料中也有一些确属事实，经考证可以收入大事记中。

六是大事记录。有些单位建立了日常的大事记录制度，随时将本单位发生的大事记载下来，形成了比较完整的大事记录材料，因而可以成为大事记的材料来源。

（2）大事材料的核准。

大事记作为一种历史资料，应力求内容的准确无误。但是，由于所收集的材料来源广泛，其中难免有记述失实的情况。因此，应对收集的材料进行审查、筛选，以免将不实之事录入大事记中。

在编写大事记过程中，从不同渠道收集的各种材料其可靠程度有所不同，应注意区别掌握：第一，对来自口传史料的材料，应逐条详加考证，确认史实无误后方可使用；第二，对报刊、电台、电视等新闻媒介的报道，以及史志、年鉴中的记载也要分析，因为报道的时间、角度及取材的方法不同，有些材料有可能出现数据或事实不准确的情况，不能盲目采用；第三，本组织编发的简报、动态及各种档案文件中记载的事实一般比较准确，可信度较高，大部分可以直接采用。

核准大事材料的主要方法是将多种记载对照核实，也可以向事件发生的组织或当事人查询核实。

核准大事材料的步骤如下所述：第一，认真分析和研究每一条材料，发现不确切或不合理的地方，要考证清楚后再决定取舍。第二，大事记初稿完成后，应印发给有关组织或组织内部机构，广泛征求意见，订正事实，补充材料。第三，在定稿前，还应由该地区或组织领导审核把关，发现问题及时纠正。

6. 大事条目的编写

大事记的条目通常由大事时间和大事记述两部分组成，在每一条目中可注明大事材料的来源，以便查对。

（1）大事时间。

大事记中的时间是大事发生的重要历史坐标，因此，必须记载准确的年、月、日，然后再按大事发生的时间顺序进行排列。有些特殊事件还要写明确切的时、分、秒。

如果某条大事的日期不完整或不清楚，经考证后仍无法确定，则按以下的原则把握：日不清者，该条目附于月末，称为"是月""本月"；月不清者，附于年末，称为"是年""本年"；年不清者，一般不记。

（2）大事记述。

大事记述是大事记的核心部分。它通过对许多重大历史事件的记述，反映一个组织发展的概貌及其规律性。因此，应选用确属重大事件的材料，避免事无巨细地罗列材料；同时也要防止片面摘取和割裂材料，不能全面地反映重大事件的真实面貌。其记述的方法和要求如下：

第一，一条一事。大事记中的大事记述要求一条一事，而不能将若干事件放在一个条目中综述。即使在同一时期内有许多事件需要记载，也应各立条目，或在该日期之下分段记述，以保证条目清晰，便于阅读。

第二，大事突出，要事不漏，小事不要。所谓大事，即指事件涉及的范围极广，影响较大，不仅在当时属重大事件，而且事后影响较久、较深刻的事件。以一个组织来说，涉及组织重要之事，如职工代表大会的召开、重大成就、重大变动等。所谓要事，即事件在一定的范围和时间内有较大影响，事后仍有一定的参考意义的事，如本组织某一方面的具体政策，较重要的科研成果和技术革新，较重要的专业会议等。一个组织每年有成百上千甚至更多的事件发生，大事是少数，多数是要事和小事。编写大事记时，应坚持大事突出，要事兼顾，小事不要的原则。如不区分大事和小事，凡事都记，大事淹没在琐碎的事务之中，大事记成了明细账，就没有什么参考价值。只记大事，不记要事，就会使大事记内容单一。记载要事是对大事的补充、衬托，使其内容丰富充实。通过选择，记入大事记的大事和要事，从横向来看，能够反映出每个阶段的组织特点和中心任务；从纵向而言，能揭示出本组织所经历的大事及其发展变化，以便总结经验教训。

第三，文字简明。大事记述的文字要简约、凝练、清楚，除了表述事实所必需的说明性文字外，一般不使用修饰性和描写性的文字。在记载事实时，地点、人物、内容或主要情节、性质等要素必须齐全，文字的详略要以将史实叙述清楚为准。对于重要会议，除记述其名称、会期、主要与会者外，还应说明会议的主题、主要议程、重要决议事项和结果等。对于史实中某些人们不熟悉、难以理解的内容，可在条目中简要说明，也可采用注释的方式说明。

第四，因果始末清楚。进行大事记述时，应注意将事情的源头始末、因果关系等交代清楚，以使读者全面了解和正确认识事实真相。记述时，对于那些过程为一天以上的事实，通常应采用集中或相对集中的方法，而不应按"日"记流水账。其中过程比较长并具有一定阶段性的事实，可以按阶段将事实分为若干条目记述，也可将事实首尾各记一条，并在记述中前后呼应。那些内容比较简单、过程又比较简短的事实，则可以将该事实的全过程记述于一条之中，写清起止日期，将条目置于事件开始之日或结束之日。

第五，观点正确，选材真实。编写大事记在分析人、物、事时，必须如实反映事物的本来面目。选材力求真实可靠，有根有据，对每件材料的形成时间和地点及内容的正确性都要认真加以鉴别。内容不实、根据不详者一般不予采用。

第六，可作适当评价。大事记一般只是客观地记述事实，不加编者的主观评论。但是，对于某些具有特殊性或开创意义的事件，除了将事实记述清楚之外，可以对其意义和影响做简要介绍，以帮助读者加深对历史事实的认识和理解。

（四）编写组织沿革

组织沿革也叫作组织机构沿革，是以文字或图表形式系统地记述和反映某一独立组织（包括党政机关、社会团体、企事业单位）自身发展演变情况的参考资料和工具。组织沿革能够比较完整、系统地揭示各种不同类型组织的来龙去脉，具有内容的专题性和记述事实的连续性两个特点。

组织沿革着重记述和反映组织自身在组织系统方面的有关情况，如组织的成立、合并、撤销、复建的情况，组织人员编制和内部组织机构的设置情况等。组织沿革以系统地反映该组织自身发展、变化的历史过程为目的。

组织沿革的主要用途是：便于查考和研究本地区、本系统、本组织的机构和人员发展变化情况；能够为国家机关史、地方史、革命史及各种专业史研究提供组织建设方面比较系统的资料；可以为档案室（馆）编写立档单位历史提供系统的材料；也可以帮助档案利用者了解立档单位的情况，认识档案的价值。

1. 组织沿革的常见类型

（1）机关组织沿革主要记载一个组织及其内部机构和人员的演变情况，如《××公司组织沿革》。

（2）地区组织沿革主要记载一定行政区域或行政区域内所属党政群各级组织的设置和演变情况，如《郑州市行政区域历史沿革》。

（3）专业系统组织沿革主要记载一定专业系统所属组织的设置和演变情况，如《全国纺织系统组织机构沿革》。

2. 组织沿革的内容

组织沿革通常由标题、序言（编辑说明）和正文组成，根据需要可以增加目次和注释。组织沿革正文包括以下内容：

（1）组织、地区或专业系统的历史概况、行政区划、建制变更情况。

（2）组织的性质、任务、职权范围和隶属关系。

（3）组织内部组织机构的设置和人员编制的变化情况。

（4）组织领导人的任免情况。

（5）组织名称的变更、印信的启用与作废、单位办公地点的迁移等情况。

3. 组织沿革编写的体例

组织沿革的编写体例有以下几种：

（1）编年法。

编年法是按照年度记述某一组织、地区或专业系统的组织概况。采用编年法编写组织沿革时，先将材料按年度分开，然后在每个年度中再分别记述各方面的情况。

这种方法的优点是：每个年度的材料集中，自成体系，全年的情况显示清楚。其不足是：每个方面的情况分散于各年度之中，纵向脉络被切断；有些多年无变化的情况要按年度反复陈述，内容重复。

（2）系列法。

系列法是以组织机构或组织建设问题为线条，形成各个系列。在编写时，首先按照系列，然后再按年度顺序，分别记述其演变的始末概况。如果按照组织机构的系列编写组织沿革，则以组织内部机构的实际设置为线条，分别记述各机构的变化情况；如果按照组织建设问题编写组织沿革，则可以分为组织体制、职能与任务、隶属关系、机构与人员编制、干部任免、印信使用等若干方面分别记述其演变情况。

这种方法的优点：能够比较系统地揭示组织、地区或专业系统内部组织机构和组织建设各方面情况的发展脉络，便于读者分项目了解组织、地区或专业系统的演变情况。其不足是：不便于显示各个阶段的组织概况，且有些组织的演变情况比较复杂，不适宜采用系列法。

（3）阶段法。

阶段法是根据组织、地区或专业系统发展变化的特点，将其划分为若干历史阶段，在每个阶段中再分别记述各方面的情况。这种方法在一定程度上吸收了前两种方法的优点，使时间和系列经纬交织，能够比较清晰地反映组织的演变情况，便于读者阅读和理解。采用这种体例时，应注意根据编写对象的发展特点合理地划分阶段。

以上三种组织沿革的编写体例各有其适用情况：历史较短、规模较小、内部机构不太稳定的组织，可以考虑采用编年法；组织机构比较稳定且独立性较强的组织、地区或专业系统，可考虑采用系列法；已经具有一定发展历史的组织、地区或专业系统，可考虑采用阶段法。

4. 组织沿革编写的选材

组织沿革是对组织、地区或专业系统组织建设和发展情况进行记述的资料，在内容上必须做到全面、准确和严谨，这就需要做好材料的收集和选择工作。

组织沿革使用的材料应主要从档案中收集，而其他来源的材料则应慎重选用。有关组织、地区或专业系统组织建设方面的档案通常集中在单位的综合部门，如办公厅（室）、组织部门和人事部门，因此，上述部门可以作为收集材料的重点对象。但有时也需要从本组织其他部门或外组织的档案中收集材料作为补充。

某些通过调整而成立的新组织，其形成之初的有关文件往往保存于其前身组织中。有些情况本组织没有形成正式记载，则可以从其他材料中寻找求证，例如：借助于工资单存根，可以查出某一时期组织及各机构的人数；利用组织或领导人留在文件上的印信、签字，可以查证领导人的情况等。对于记载不准确、证据不足的材料，应认真考证再予收录；经考证也无法证实的情况，应加以说明。

（五）编写会议简介

会议简介是简明扼要地记述会议过程和基本情况的参考资料。各种重要会议都可以编写会议简介，如人代会、团代会、职代会、全体委员会或常委会、行政办公会、经理办公会，以及一些重要的工作会议、专业会议和学术会议等。召开会议是各组织开展工作的一种重要方式，特别是重要的会议，具有决策、指导、启迪和教育作用。为了解会议情况，查找会议文件是组织工作人员、科研人员一种常见的档案利用方式。一般来说，会议文件数量较多，常规性会议文件分别保存在不同年代中，将重要会议的基本情况编写成介绍材料，对于利用者了解会议简况、总结工作经验、查证某一问题或筹办新的会议具有很好的参考价值。因此，会议简介可帮助利用者迅速准确地查询会议情况。

1. 会议简介的内容

编写会议简介的材料来源主要是会议文件，包括会议通知、开幕词、报告、记录、决议、简报、闭幕词、公报、会议纪要等。会议简介的内容主要有以下几个方面：

（1）会议的名称和届次，如《××公司第一届职工代表大会简介》。

（2）会议的时间、地点及主持人。

（3）会议参加人员。对于出席会议的重要领导人和来宾可标明姓名及职务；其他代表只标明人数；如果需要，可将与会人员名单作为附录附后。

（4）会议的主要议程及内容。这是会议简介的主体部分，其中应着重记述会议主要报告的题目及内容要点、会议讨论的有关问题、会议通过的决议、报告、提案等事项的名称及内容要点、选举结果等。对于选举结果，一般只标明选举出的主要领导人姓名及职务，以及委员、候补委员的人数即可，必要时也可将全部选举结果以附录形式附后。

2. 会议简介编写的要求

（1）事实清楚、准确，无论是会议基本情况还是会议内容都不能出现重要遗漏或失实现象。

（2）会议情况介绍线条清楚，属于同类历届会议的简介应按届次顺序排列，汇集成册并编制目录。

（3）语言简练，要点突出。会议情况可以从简介绍，会议的报告和重要事项应详细一些；为避免历次会议介绍大同小异，面目相似，应注意对每次会议特色的介绍；必要时可以对会议的意义、效果做简要评价；对于专业会议，更要注意写出其专业特色。

为了写好会议简介，需要全面认真地研究有关会议的文件，尤其是会议报告、决议、简报、记录等，从中了解会议的主要精神，这样才能介绍得清楚、准确，抓住要点。

三、档案统计

（一）档案统计工作的内涵

"档案将一些重要的材料进行记录并保存，而通过档案统计工作能够对档案工作中存在的一些现象进行观察和分析，最终得出一般规律。"[1]

---

[1] 仲华. 档案统计工作的内容与意义探究［J］. 城建档案，2020（10）：108-109.

1. 档案统计的重要作用

档案统计工作在整个档案工作中发挥着重要作用，归纳起来有以下三点：

第一，档案统计是制定有关档案工作方针、政策和计划的重要依据。档案统计工作是通过量化形式来反映档案部门及其工作者的真实工作情况和档案管理活动规律，档案统计工作的好坏可以直接、准确通过一系列的统计数字来表现，也是档案统计部门检查其工作人员的重要依据，使其对所属部门的工作进行有效指导、监督提供可参考和借鉴的统计资料；档案统计工作可以保证上级决策的科学性和全面性，避免决策的失误。

第二，档案统计是实现档案管理信息化的重要手段。随着信息技术的日益普及，信息化、大数据库在社会发展中越来越重要。而高校的发展也离不开信息技术的支撑，实现档案管理信息化是如今高校进一步发展的重要平台。档案管理是一个复杂的信息管理系统，它的全面性、准确性涉及微观上的高校内外的相关信息，宏观上的国家政策、方针及社会需求等方面的信息，而档案统计工作正是通过档案统计调查、整理、归纳、分析提炼出对档案管理信息系统产生影响的重要资料。没有档案统计工作就等于隔断了档案管理系统间信息的流通渠道，使档案管理系统成为"无源之水"。

2. 档案统计工作的任务与指标

（1）档案统计工作的任务。档案统计的任务就是经常、及时地对档案及档案工作的规模、水平、普遍程度、结构、速度、比例关系及档案形成规律，在一定时间、地点、条件下实际作用的数量、质量进行定量和定性分析。为档案室（馆）制定档案工作方针、未来发展计划及历史数据资料提供帮助和经验，对室（馆）档案资料的管理情况进行监督和检查，从而更好地推动档案室（馆）的发展。

（2）档案统计工作的指标。档案统计工作可以分为选定档案统计指标、进行档案统计调查、档案资料的整理与分析三个步骤。可见档案统计指标的选取与建立是开展档案统计调查工作的第一步，只有选取、构建科学、全面的统计指标才能真实地反映档案统计工作中数量关系。档案统计具有固定指标如档案机构、人员数、保存档案的数量、销毁档案的数量和比例、提供利用的人次和卷次、库房设备、检索效率、全宗数等。我们在实际档案统计中不能盲目地构建指标，要明确哪些档案工作具有建立统计指标意义，哪些档案数量表现没有建立统计指标的必要。

（二）档案统计调查

档案统计工作是一个不断变化的动态过程，而档案统计调查是档案统计工作的基础和初始阶段。档案统计是从数量方面认识档案、档案工作的科学方法。档案统计调查简单地说就是指档案统计资料的搜集，这种资料的搜集不是盲目地堆砌资料而是根据档案统计的目的与要求，采用科学的调查方法，有计划、有组织地进行档案资料收集的工作过程。

1. 档案统计调查方案

档案统计调查是一项复杂的、技术性较强的工作。为使调查工作顺利进行，及时完成搜集资料的任务，每一项调查，都应制定一个统一的调查方案（即调查工作计划）作为全部调查过程的指导性文件。在调查方案中，一般应包括以下五方面内容：确定调查目的，档案统计调查，是为一定的统计研究任务服务的，在制订调查方案时，首先要确定调查目的，明确搜集资料要解决的问题。只有在调查目的明确之后，才有可能进一步确定调查的范围、单位、内容等一系列问题。

确定调查对象和调查单位。调查对象，就是调查研究的现象总体，在统计中称为"统计总体"。它是客观存在的，由许多个别单位在一个共同特征上结合起来的集团。如在档案馆基本情况统计调查中，"档案馆"就是这一调查的调查对象，所有的档案馆，就构成了一个统计总体，它们是由"档案馆"这一共同特征结合在一起构成的一个集团现象。调查单位是指组成调查总体的单位，在统计研究中称为"总体单位"，也就是在调查中需要登记其特征的单位。如上述档案馆基本情况统计调查中，每一个档案馆就是这一统计总体的组成单位，称为总体单位。除了规定调查单位之外，还应规定报告单位。报告单位也称为填报单位，它是档案统计调查中填报调查资料的单位。在一般情况下，调查单位与报告单位两者是一致的，但在某些情况下，两者也会出现不一致的现象。

确定调查项目，拟定调查表式。确定调查项目，就是确定要向被调查单位登记哪些内容。这些内容在统计研究中称为"标志"，它是总体单位所具有的特征的名称。标志有数量标志和品质标志之分，前者用数字表现，后者用文学表现。标志的具体数值表现，称为标志值。调查项目确定之后，应将调查项目科学地分类排列，构成调查提纲。

2. 档案统计调查方法

档案统计调查方法就是指通过什么方式搜集相关资料。只有掌握正确的统计调查方法才有科学、准确的档案统计结果。因此，我们可以将档案统计调查方法分为直接调查法和间接调查法。直接调查法包括直接观察法和采访法；间接调查法包含报告法和被调查者自填法。

第一，直接观察法指调查人员深入现场亲自观察、测量、计数以取得统计资料的方法，采用这种调查方法所获得的资料可信度比较高，但是需要花费调查人员较多的时间和精力，成本比较高。

第二，采访法可以分为个人采访法和集体采访法。指调查人员直接对被调查者提出问题或进行访谈，根据被调查者的答案来收集资料的方法，具有较高的准确性，但是考虑到是对被调查者的直接访谈，有可能某些问题遭到被调查者拒绝。

第三，报告法是指要求被调查者根据统一的要求填报统计资料的方法。如果各个被调查者具有健全的原始记录，采用报告法可以取得准确的资料。

第四，被调查者自填法是指调查人员将调查表送交被调查者，说明填表的要求和方法，由被调查者根据实际情况，按照表中的项目自己填写，最后由调查人员审核回收。这类调查法获得资料准确性相对较低。

总之，以上四种档案统计调查法优缺点分明，我们在实际工作中要根据调查对象的特点以及自身资源的多寡，结合具体情况加以选择，或者根据需要将几种调查方法综合运用。

（三）档案统计的主要内容

档案统计属于档案管理的重要方面，主要是对馆（室）档案资料数量上的统计，以便于对档案及档案工作基本情况的监督与检查。因此，在我们开展档案统计工作前，有必要对档案统计对象有充分的认识，才能切实做好档案统计工作，避免档案统计数量的失误影响整个档案管理工作。

1. 档案事业统计工作

档案事业统计工作具体包括以下三个方面：

（1）档案事业管理机构、人员基本情况表。该表反映档案事业管理机构的设置、人员编制和现有专职人员基本情况的统计报表，主要是针对省、市、县三级档案管理机构数量，工作人员数量、年龄、文化程度、档案专业技术职务的构成等的统计，以便于上级主管部门的了解。

（2）档案专业教育基本情况表。该表主要统计各类院校包括专科和本科高校开设档案及相关专业的基本情况。主要内容是开设档案管理及相关专业的普通高校、专科院校、成人学校等学校数量、学生人数、师资力量等。

（3）各地档案事业费、建设档案馆情况表。该表主要是统计省、市、县三级政府每年度的档案事业费用及各地各级政府档案馆的建设情况。

2. 档案实体管理统计工作

（1）档案馆基本情况表。该表主要说明全国档案馆的基本情况。主要统计内容包括中央与地方各级政府各类档案馆的数量、编制人员及在现职人员的数量、年龄、工作年限、文化程度，馆藏档案资料包括原件与复制件的数量、馆藏档案整理的基本情况、档案及资料的利用情况、编研出版及公布情况、馆内设备及面积情况、本年度收集档案资料统计情况等。

（2）机关档案工作基本情况表。该表主要反映机关档案及档案工作基本情况，主要包含机关档案工作情况，编制人员与非编制人员基本情况，档案及资料的基本情况，本年立卷归档、编研资料、借阅利用及设备等情况。

第四节 档案的后续管理与利用

一、档案的后续管理

（一）档案保管

档案保管是档案馆（室）对档案进行系统存放和安全保护的工作，是档案管理中的一项重要内容。档案保管工作是档案整体工作的基础，直接关系到档案寿命。

1. 档案保管工作的内容

档案保管工作的具体内容包括以下几个方面：

第一，凭借柜具或库房对档案实施的日常管理，比如档案库房的使用与安排，档案及柜具的有序化摆放和档案检索、提供利用等环节密切相关的档案移出、收进等。

第二，预防工作：对一切可能损毁档案的社会的、自然的因素采取必要的措施，防止档案的损坏，延长档案的寿命，维护档案的安全。档案保管场所的管理要做到八防：防火、防水、防潮、防霉、防虫、防光、防尘、防盗。

第三，在档案流动过程中的各个环节对档案采取安全防护的措施以及为防止档案的自然和人为的损害而采取的各种专门技术措施，如复制、修补等。

2. 档案保管工作的意义

第一，档案保管工作是开展档案工作的重要基础。档案工作的前提和基本物质基础是档案，离开档案谈档案工作就失去意义。如果档案保管工作做不好，就会直接危及档案的安全，就可能给党和国家造成严重损失，就会直接影响整个档案事业的发展。

第二，档案保管工作是开展档案工作的必要条件。科学地保管好档案，可以为档案整理、鉴定、编研和利用工作提供物质条件，是其他环节顺利进行的前提。如果档案保管得杂乱无序、门类混乱，其他环节的工作就无法开展。

第三，档案保管工作是延长档案寿命的必要手段。保管工作做得好坏，措施得当与否，直接影响到档案的寿命。最大限度地延长档案寿命是档案保管工作的根本任务之一。

（二）档案保管设施的建设

档案保管工作的一个突出特点是它必须借助一定的设施条件的支撑方能进行。档案保管的设施条件大体有以下几种：

（1）库房。库房即存放档案的空间场所（建筑物）。

（2）装具。档案装具是指用以存放档案的柜、架、箱等基本设备。档案装具是保管文书档案必需的基本设备。档案柜、档案箱、档案架一般为金属制品、木制品和复合材料制品。档案装具种类较多，各有所长，应按库房特点、档案价值以及规格的不同，合理使用，灵活配置。箱柜是封闭式的，便于分类封存，如档案柜、胶片柜、磁带箱、卡片箱等。架子是敞开式的，有单柱架、双柱固定架和各类密集架之分，架子便于开放陈列，方便查找，箱柜利于对档案的保护。一般可将永久性档案、长期性档案和不常用的档案用箱柜保存，短期保存和经常使用的档案用架子陈列。

（3）设备。档案保管的设备一般是指那些具有固定资产性质的机械、器具、仪器、仪表等技术设备，而不包括库房、装具、卷皮、卷盒、药品等在内。

（4）卷皮、卷盒。卷皮、卷盒是指用于直接存放和保护档案的纸质或其他质地的包装物。

（5）消耗品。消耗品是指用于保管工作的低值易耗品。档案馆（室）应当根据自身工作的切实需要和现实的经济实力，本着实事求是的态度和有效、实用、合理、节俭的原则，提高档案保护工作的物质条件水平。

（三）档案库房管理

档案的保管工作，是指根据档案的成分和状况，采取科学安全的存放和防护措施的一项专门性工作。它在整个档案管理业务工作中有着相对独立的地位，技术性较强。档案库房管理，则是其中的主要工作内容，是整个档案保管工作的基础。档案库房管理的原则主要是了解和掌握档案损坏规律，通过经常性工作，采取专门的技术措施，最大限度地防止和减少档案的损毁，延长档案的寿命，维护档案的系统性和完整性，保证档案的安全。库房管理工作的实质,就是人们向一切可能损毁档案的自然的、社会的不利因素进行斗争。维护档案的完整与安全,也就成为库房管理工作最基本的、经常的任务。

(四) 档案的修复技术

档案的修复是档案保护中一项重要内容。它通过一些技术加工,使被损坏和玷污的档案文件恢复原来的面貌。档案修复包括去污、去酸、加固、修裱等。

1. 去污技术

档案文件在长期的保护和利用过程中,由于各种原因常被污染,形成水斑、泥斑、蜡斑、墨水斑、霉斑,以及油点、汗垢、食物斑点、胶水和铅笔褪色迹等。这些污斑轻者影响字迹的清晰度,重者完全遮盖文件字迹,因此,必须予以清除,去污方法主要有以下两种:①干法去污。这是一种较为简单的去污方法。它通常是用手工工具(如小刀、刷子、橡皮等),除去档案材料上的污斑。如果灰尘较多,可用去尘器消除。②湿法去污。通常采用水池去污、有机溶剂去污、氧化剂去污等方法。水洗去污就是在盘中注入70℃热水,加约1%明矾,把档案文件平放在一个托盘上并浸入水中,轻轻洗刷污斑处。待洗净或无法洗净时,取出档案文件放在另外一盘清水中清洗。再取出吸水纸吸去水分并慢慢压干。如果档案文件上的泥斑较多,可以改用1%~2%的纯碱溶液水洗,然后再用清水洗净文件中的残液。有机溶剂去污法适用于沾染在档案上的油类、颜料、蜡质等污斑的去除。有机溶剂常用的有苯、甲苯、乙醚等。油斑可用正乙烷、四氯化碳、苯和甲苯去除;霉斑可用苯、酒精去除;颜料可用苯的混合物、酒精、松节油去除。氧化剂去污方法是利用氧化性强的化学药品对污斑色素进行氧化,强行破坏色素的发色团,达到去污斑的目的。根据氧化剂性能的不同和污斑轻重,氧化剂去除污斑可分别采用强氧化剂去除污斑或弱化剂去除污斑。

2. 去酸技术

档案材料中酸的来源很多,由于在生产纸张的过程中,酸性成分有时残留在纸浆中,施胶过程中的过量明矾与水作用,也可产生硫酸残存在纸张中。还有潮湿,霉菌和灰尘也有产生酸的可能。

去酸的技术主要有以下两种:

(1) 氢氧化钙去酸法。此方法是根据中和原理,用碱性物质把纸张中的酸中和掉。这种去酸法的优点是,在去酸的过程中产生的碳酸钙细微颗粒,渗入到档案纸张的纤维结构里,这样既能防止档案纸张酸度的增加,又能作为填料,使纸张的性质处于稳定,从而有利于纸张的耐久性。

（2）氨气去酸法。氨气在常温下呈气体状，它适合在熏蒸室对大量档案文件进行去酸。去酸时，可按1∶10的比例稀释氨水，在熏蒸室内密闭24~26小时，利用散发出的氨气将档案文件纸张中的酸中和掉。该方法的优点是，氨气渗透力强，对档案文件的字迹无影响，能对大量档案进行去酸，成本低，操作简便。除上述两种去酸方法外，还有无水去酸技术，它是用醋酸镁甲醇、乙醇溶液和氢氧化钡进行去酸。这种方法目前还处于试验阶段。随着科学技术的发展，还会有更多更新的去酸技术出现。

3．加固技术

随着岁月的流逝，档案上的字迹会因各种因素的影响而发生退化，如不采取必要的措施，势必影响档案的寿命。因此，必须对档案文件的字迹、档案纸张进行加固工作。纸张档案的加固技术是应用涂胶、加膜、丝网等方法对损坏或将损坏的档案进行保护的措施。加固技术主要有以下三种：

（1）胶黏剂喷涂法。它是用具有黏性的化学药液—胶黏剂喷涂在档案上，在档案文件上形成一层薄膜，使字迹得到保护，使纸张强度相应得到提高。加固材料应具有一定胶黏性，胶黏剂化学性稳定，无色透明，加固后形成薄膜有一定可塑性，方便利用。常用的胶黏剂溶液有：明胶甘油溶液、乙级纤维素溶液、有机玻璃溶液等。

（2）加膜法。加膜法就是在纸张强度降低了的档案正反两面各加上透明网膜。档案夹在透明网膜中，既能正常阅读，又能提高纸张的强度。加膜法可分为热压加膜和溶剂加膜两种。热压加膜法是利用高温高压的专门设备，把薄而透明的醋酸纤维素压在纸上。溶剂加膜法是选用一种溶剂把透明薄膜黏结在档案上。

（3）丝网保护法。丝网保护法是将档案文件展平，对好破口，放在两面喷有乙烯类树脂的蚕丝中间，即丝网—档案—丝网，再放入两张氟塑料薄膜之间，然后放在热压机上加温加压。达到一定温度后，关闭热压机，取出档案文件，稍待一会儿，揭下塑料薄膜即可。丝网保护法的优点是能提高纸张可塑性，提高透明度，耐老化。丝网保护法适用于易碎、易坏、双面书写和印刷、水溶性字迹的档案，使用这种方法的效果较好。

4．修裱技术

档案文件老化变脆或已破烂时，可采用修裱的方法恢复和提高纸张强度。档案的修裱，就是以糨糊做黏着剂，用托裱修补的方法把选好的纸张或托或补在档案上面，以恢复档案文件的原貌。

二、档案的利用工作

（一）档案信息的利用

档案利用工作也称为档案提供利用工作，即档案部门为满足社会利用档案的需要，向用户提供机会和条件的工作。档案工作是为了发挥档案的作用，满足社会各方面对档案的需要。为达到这一目的，档案部门进行了一系列的职能活动，做了大量的收集、整理、鉴定、保管、统计、检索和编研等工作，但这些只是为档案作用的发挥创造了一些可能性，而要让档案的作用得到实际的发挥，要让档案用户获得所需的档案信息，还必须通过直接地向用户提供档案信息的工作，这就是档案利用工作。档案利用工作是档案工作中最有活力的一个环节。开展档案利用工作对整个档案工作的开展具有决定性的影响。档案工作的成果，需要档案利用工作来加以体现。

档案利用工作的指导思想是提供良好的服务，要做好这项工作，档案工作人员必须注意以下五点：

第一，熟悉馆藏和档案检索系统。档案人员能够通过档案的收集、整理、鉴定、保管、统计、编制检索系统、编写参考资料等途径，有意识地了解馆藏档案的内容和成分，了解档案的存放位置和有关档案的利用价值等。档案人员对档案情况的熟悉和了解，当然不应该也不可能替代档案检索系统，但是，这种熟悉和了解能够对馆（室）藏档案的检索系统做到某种拾遗补阙的作用。只有这样，才能提供高质量的服务。同时，档案工作人员还应熟悉馆藏档案的检索系统，要熟悉各种检索系统的检索范围及其特点，熟悉各种检索系统之间的交叉、替补等关系，了解各种检索系统的使用方法并能熟练地加以应用。通过熟悉档案检索系统还能够进一步熟悉和了解馆藏档案。

第二，树立良好的服务精神。档案人员需要具有高度的责任感和良好的服务态度。档案是国家财产，共同组成这个国家的公民都有权利利用它。档案也是一个科学文化事业机构，其服务对象本身就具有社会性。在档案提供利用工作中，档案人员可能会遇到各种各样的利用者和利用目的，有官方用户、有私人用户，有为公务考察而来、有为历史研究而来，也有为私人事务而来。在接待各种用户时，档案人员应持一视同仁的态度，进行同等的服务。人们保存档案的目的，主要是为了满足公务活动的需要。同时，也必须满足社会其他方面的需要。

第三，档案利用工作是档案工作价值的直接体现。档案工作的直接目的就是为社会提供各种内容的档案信息来为社会服务。为了达到这一目的，档案工作需要由一系列的业务环节所构成。然而，在这些业务环节中，只有档案利用工作才能最直接地、最全面地体现整个档案工作的价值；档案工作也只有通过实际地提供档案信息，才能向社会证明自身存在的意义和价值。因此，档案利用工作代表了整个档案工作的成果。

第四，提供必要的设备和条件。由于档案类型的多样化和档案内存的复杂化，档案人员应当为提供利用工作准备必要的设备和有关的资料。为便于用户对档案利用的不同需求，档案部门在有条件的情况下，还可设立相应的研究阅览室、机密档案阅览室等。

第五，正确处理利用和防护的关系。档案部门有义务向社会提供有关的档案信息，但是为了使档案的作用能够得到长期的、持久的发挥，档案部门不能允许用户以任何有损于档案的方式来利用档案。必须对档案采取切实有效的防护措施，使档案不仅能够受到当代人的利用，而且能够为后代人利用。因此，档案人员应当制定一些利用档案的规章制度和办法，采取一些必要的措施，使档案既能得到最充分的利用，又能得到适宜的防护，使其作用得到持续的发挥。在档案提供利用工作中，档案人员应权衡目前利用档案的要求和为后代保存档案的要求之间的轻重缓急关系。档案的防护与档案的利用不是一对相互排斥的概念。档案防护的根本目的是更长期地、更有效地实现对档案的利用。

（二）档案的开放

开放档案是档案利用的又一种形式。所谓开放档案，就是向社会广泛地提供相关的档案，用户只要经过一般的手续即可利用档案。目前，可以开放的档案一般包括两种类型：一种是在形成之初就不涉及机密的档案；另一种是在形成时具有一定的机密性，现在保密期限已满的档案。根据国家的有关规定，凡我国公民，只要持有合法的证明，如身份证、工作证、学生证或其他能够证明自己身份的文件，均可利用开放的档案。

（三）档案服务的提供方式

档案服务是指采用多种有效的方式，直接提供档案及其信息加工材料，及时、准确地满足用户对档案信息的利用需求。提供档案服务的方式很多，档案管理部门根据本专业和本单位的工作特点，以及实际工作的开展需要，选择和发展有效快捷的服务方式为用户提供利用档案信息资源。

1. 出具档案证明

出具档案证明要符合以下要求：

第一，出具档案证明必须经过审批程序。利用者要求出具档案证明时要填写申请书，申请书中应写明出具档案证明的原因、所要证明的事实及其发生的时间、地点等背景情况。申请书经领导审查批准后相关部门才可制发档案证明。

第二，出具档案证明必须真实可靠。提供档案证明必须真实可靠、简明确切，不加评论或删节，与档案记载相符。若遇档案中对同一问题有几种不同的记载，则应同时提供。

第三，出具档案证明必须注明出处。在档案部门提供的证明材料上还应标明档案材料的出处和根据，写好的证明应仔细核对，经审查批准，加盖公章后方能生效。

2. 档案阅览

档案是历史记录的原始材料，多为单份、孤本或稀本，部分内容具有一定的机密性。为此，档案部门可采取建立阅览室接待利用的方式，让利用者查阅利用档案材料。

3. 咨询服务

档案咨询是档案部门以档案为依据，解答利用者的疑问，指导其利用档案信息资源的一种服务方式。

（1）按咨询性质划分，可分为：检索性咨询和内容性咨询。检索性咨询包括两个方面：①介绍档案的馆（库）藏结构与档案的主要构成，指导利用查找所需的档案资料；②向利用者介绍检索途径、检索工具的种类及其使用方法等。内容性咨询是指档案馆（室）解答利用者关于相关档案的内容、数据或专题的询问。如关于特定事件、会议、人物、文件的相关事实与数据的询问等。

（2）按难易程度，可分为：一般性咨询和专门性咨询。指档案馆（室）针对利用者提出的关于馆（室）基本情况、档案利用的规章制度、库藏档案的种类及内容成分等问题所进行的一般性解答服务。专门性咨询是指档案馆（室）根据对有关档案文件的分析研究结果，解答利用者关于特定档案文件的研究价值、文件中记载事实、数据的真实性或有关专题档案的范围等方面的询问。

（3）按咨询形式，可分为口头咨询和书面咨询。口头咨询是指档案馆（室）以口头解答或电话答复等方式，回答利用者在查阅、使用档案文件活动中的有关难题的一种咨询服务。书面咨询是指档案馆（室）以正式的书面材料的形式，解答利用者提出的有关档案、档案目录、档案机构等方面的询问。

4. 外借使用

外借使用是指档案馆（室）为满足党政领导机关的工作需要，以及有些需要档案原件或副件的特殊需求，按照一定的制度，暂时将档案借出馆（室）外给利用者使用的一种服务方式。档案的外借必须建立借阅制度。

（1）出借手续。档案外借使用要经过一定的审批手续，借出档案时采用双卡制登记手续，即每一个借阅人有一份借阅证（卡），档案的每一个保管单位（卷、册、袋、盒）有一张出借记录卡（或代卷卡）。出借档案要交接清楚，并履行登记签字手续。

（2）出借利用的规定。为保护档案对档案出借利用做了相关规定，主要有：孤本、珍贵的档案一般不可借原件。尽量提供复制本；出借机密、绝密档案，要经领导批准同意，并办理审批手续；利用者借阅档案，包括复制本应精心爱护，不允许在档案上修改涂抹、勾画、圈点，或做其他各种标记；摘抄或复制机密以上的档案，要经过有关领导审批；借阅者负有保密的完全责任。

（3）催还。对于借出的档案到归还期限仍迟迟不归还的。档案部门要及时地催借阅者归还，其目的是避免档案因长期滞留在利用者手中而影响其他借阅者使用，加快档案利用的周转率；同时也避免档案出现损坏、散失、失密和泄密现象，保护档案完整、安全的一项措施。

5. 复制和利用

复制和利用是指档案馆根据利用者的合理需要，以档案原件为依据，通过静电复印、拍照等复制方式，向利用者提供档案复制本的一种服务形式。

（1）档案复制的方式。第一，单份文件的复制。单份复制主要是为了满足利用者各种档案查考的需要，提供必要的单份文件复制品。如复制了解相关的政策文件，为生产、建设提供所缺少的设计图纸等。第二，全套文件的复制。就是围绕一个专题、项目、课题或型号，提供全套文件的复制服务。如为机关工作提供某次会议的全部文件或某项政策贯彻实施的所有文件；在设备的使用维修活动中，提供有关的配套复制图纸作为管理和检修的依据与凭证，为科研、设计成果进入技术贸易市场和实现转让的目的，提供必要的文件复制本等。

（2）档案复制利用的优点。第一，充分地发挥档案的作用。利用者不到档案馆（室）即可获得所需要的档案材料，既方便用户，又可在同一时间内满足较多利用需要。第二，有利于档案原件的保护。制发档案复制本，避免了利用者直接使用原件，利于档案材料的保护。但档案复制本的印发不利于保密，因此，在制发范围和批准权限方面应妥善处理。

6. 陈列档案

（1）陈列档案的选择。第一，陈列档案的内容选择。陈列档案是通过有关档案的展示，让利用者阅览、挑选自己所需档案的一种直观服务方式。为此，陈列档案应当按专题进行组织，在内容上具有典型性和代表性，能记录和反映典型历史事件或管理、生产和科学技术的发展成就。第二，陈列档案的材料选择。陈列档案的目的不同，所选择的档案材料也各不相同。如以宣传教育为目的的，要选择典型性和代表性档案文件；为进行科技交流和科研、设计成果转让服务的，则要选择技术上具有新颖性和适用性的科技档案，表明科技成果的先进性和效益性，以期实现转让和交流。

（2）陈列档案的作用。第一，档案展览与陈列本身就是提供档案信息的现场，利用者可以从中得到较为集中系统的档案信息的内容与线索。甚至发现从未见过的、难得的珍贵史料信息。第二，可在一定范围内组织较多的观众参观，服务面较广泛。第三，展示主题鲜明、有代表性的档案材料，能够给参观者留下深刻印象，起到较好的宣传教育作用。第四，档案陈列可展示档案馆（室）藏档案的丰富内容与重要作用，可引起人们对档案的关注，扩大档案的社会影响。

第四章　企业档案管理及其新发展

第一节　企业档案与企业形象塑造

一、企业档案与企业形象塑造的内在联系

（一）企业形象塑造的实践性与档案的社会性

一个企业良好的社会形象是通过企业客观的实践活动所创造出来的，企业面对不同的社会公众和社会组织，需要与不同的群体打交道，在与不同的群体打交道的实践活动中，企业也就树立了在特定群体中的某一形象。比如，在处理客户关系中间，良好的处理方式能在客户群体中树立优质的服务形象；在向银行贷款的时候，及时的还款能树立企业良好的信用形象。档案具有社会性，企业档案即企业在实践活动中的产物，企业档案是人们在企业的实践活动中直接形成的，其内容是对企业经营活动的内容、过程及结论的原始记录，是企业在社会实践活动中的产物。

（二）企业形象塑造的求实性与档案的原始记录性

企业形象是企业实态在大众心目中的主观反映。这就决定了企业形象的塑造必然要以企业真实存在的客观形象为基础。首先，要在深刻认识本企业实态的基础上逐步改进企业的客观形象。比如，消费者对产品质量不满意，认为产品老套、没新意，导致企业产品销售状况不佳，企业就应当勇于向社会公众承认自己在产品质量和创新上的不足，实事求是，并且表明自己的态度，之后在产品创新上下狠功夫，对产品质量进行严格把关。其次，企业形象的宣传同样要以真实的客观形象为基础，不能夸大其词，更不能将企业不存在的表现或特征宣传给社会大众。

档案是人们在社会活动中直接形成的原始性信息记录，对以往社会活动具有直接的原始记录作用。虽然其他信息物对于人们了解、考证以往的事情也有很大的参考作用，但是档案往往是在所有信息物中可考证程度最高、最可信赖的原始记录。从信息理论和人类之所以保存、使用档案的心理根源及实践需求角度讲，档案实际上是人类追求信息的确定性、可靠性的产物，是社会实践必须有确定、可靠的信息支撑方能有效进行的现实需要的产物。

(三) 企业形象塑造的长期性与档案的历史性

一个企业在塑造其形象的过程中，无疑会遇到许多的矛盾和问题，并且会伴随着形象塑造一直不断地产生，解决这些矛盾和问题需要企业长期、不懈的努力。企业所面临的考验持续不断，因此其在形象塑造上也需要长期的努力。首先，一个新成立的企业，需要获得金融机构的信任以获得贷款，需要吸引大量的求职者以促进公司发展，更需要在产品或服务上努力做到让消费者满意等。企业形象的塑造是多方位开展的，绝不是一朝一夕之间，下个决定就能解决的事情。其次，一个经过一个时期的努力基本塑造了良好形象的企业，就其自身表现而言，为了得到社会公众长期的接受和认可，仍需要通过各种手段维持与各类组织和群体的联系；就企业生存的外环境而言，当其所在的行业整体形象不佳，为消除这些不良影响、社会公众的思维定势等，该企业也需要积极、主动地寻求形象塑造的新对策，让自己尽可能摆脱行业环境所带来的消极影响。

从时态上讲，档案是已经形成的而不是正在形成或尚未形成的东西。也正是因为如此，这种以往社会活动的原始记录，就可以把过去带到现在和未来，从而将过去、现在和未来连结在一起，维系人类社会的时空统一性与整体连续性。假设人类可以随意地以超光速的速度跨越时空，可以像在空间中行走那样随意地回到过去，去共同确认历史事实，那么人类就没有必要保存什么档案了。

许多具有悠久历史的企业都十分重视档案管理，重视对企业历史的研究。企业形象得以长期的存在和传播离不开良好的档案管理。档案是企业历史和文化的积淀物，企业应充分认识档案工作的重要性，努力开发利用好档案信息资源，为企业形象的持续传播作贡献。

二、企业档案对企业形象塑造的作用表现

企业档案全面记录企业的历史，反映企业的成长。不管是企业员工还是社会公众，了解企业的发展历史之后都更有利于企业在这些群体中塑造优秀的企业形象，同时渗透企

的文化。企业利用企业档案能够开展企业形象策划，设计企业标志、策划企业理念等，对内能够促进企业员工的工作动力，对外能够在社会上树立企业形象，提高企业在社会和公众心目中的知名度。企业档案对企业形象塑造的作用分别表现在企业档案对产品形象、营销服务形象和社会责任形象塑造这三个方面。

（一）对产品形象塑造的作用

企业产品形象主要指企业所生产的产品或提供的服务，其外观、品质、价格等给公众的综合评价和印象。需重点指出的是，我们所阐述的企业产品形象也包含服务型企业所提供的服务。企业往往将产品或服务作为一种形象传播的载体，通过产品功能、产品外观、产品标志、服务品质等来体现企业的形象。企业产品形象是企业形象的基础。消费者对企业的感知和认识常常建立在企业直接提供给消费者的产品或服务之上。社会公众通常会因为接触某一款产品或一项服务，而后开始关注和认识相关企业。品质优良、价格亲民的产品和服务往往连带着良好的企业形象口碑。反过来，当客户形成对企业的良好印象之后，会进一步促进企业产品的销售，提高企业经济效益。

产品和服务作为企业形象的基础，在企业形象塑造中具有它巨大的影响意义，一个产品从最初生产开始到最终的售后服务活动，都在有形或无形当中影响着社会公众对一款产品或一项服务的评价，进而影响到社会对本企业的形象认知。

1. 企业产品形象塑造的分类

企业产品形象的主要组成要素有：产品质量形象、产品商标形象、产品外观形象以及售后服务形象。

（1）产品质量形象的塑造。质量是产品的基本属性，由于企业的产品是面向消费者的，产品质量的好坏一定程度上也是企业形象的外在表现。消费者在购买商品时，总是希望买到更优质的产品，实用性高，安全、可靠，性能表现优异等。质量不过关的产品有可能造成顾客人身财产的损害，让消费者对产品感到失望和不满，消费者向企业进行索赔、上诉，给企业带来经济损失的同时，也会让生产该产品的企业在一定程度上丧失客户的信任感，最终导致企业自身的形象和信誉的损失。所以，保证企业产品质量是塑造企业优美形象的基础。

（2）产品商标形象的塑造。产品商标是能够将一家企业的商品或服务与其他企业的商品或服务区别开来的标志。一般的产品商标能够区别商品之间的不同特征，突出本公司产品的个性特征，商标的重要性不仅仅在于它关系到企业的知识产权，更在于产品商标是产品的一种象征，代表了企业的品牌形象。在众多的产品商标中，驰名商标所代表的品牌形象则拥有更高的含金量。商标从外观上看，仅仅是图案和文字的组合，但从更深的层次看，商标全面地反映了公司的运作情况，能够展现公司在产品设计、生产、销售等各方面的优势，每一个产品商标的背后是每一个企业长期的精心运作，若是驰名商标，它在社会上的影响程度则更高，在社会公众中具备的声誉也更好。商标一定程度上可以彰显企业的良好形象。

（3）产品外观形象的塑造。工业品外观设计是指物品的装饰性或美学特征。外观设计可以是立体特征，如物品的形状或外表，也可以是平面特征，如图案、线条或颜色。产品的外观设计能增添产品的吸引力，激发消费者的购买欲望，同时，产品在外观设计的过程中还推动产品在外观和功能上的创新。在产品的品牌打造中，产品外观形象是其中不可或缺的一个组成成分，一个好的外观设计能够让消费者感觉亲切，拉近产品与消费者之间的距离，让产品与客户之间发生情感联系。

（4）产品售后服务形象的塑造。产品的售后服务工作是商品质量管理在使用过程中的延续。产品质量的好坏只有用户在使用过程中才能得以衡量，但用户最终所体验到的产品质量不仅仅取决于产品本身，还受到运输、安装的影响，同时，用户自身在使用过程中产生的种种不当行为也会影响产品质量的最终体现。因此，产品的售后服务工作是保证产品质量最终能够良好呈现的最后保障，它作为一种补救措施，为消费者排除后顾之忧，得到消费者的信赖。与此同时，在售后服务中，企业员工通过与用户直接和间接的接触，能够第一时间获取用户对产品的意见反馈，售后服务人员再将消费者的意见和要求及时反馈给企业，促使企业在下一阶段的生产中提高产品质量，也让产品更好地契合消费者的需要。

2. 运用知识产权档案维护企业的产品形象

企业的知识产权主要是指企业拥有的专利权、商标权、著作权等，它是企业知识创新的成果，是企业重要的无形资产和核心的知识资本。

在知识产权方面，档案既是商标认定、专利申请的准入槛，也是捍卫企业自身最有效的路径。自改革开放以来，社会经济发展，企业之间的竞争也愈发激烈，随之而来的还有很多企业之间的侵权行为。虽然越来越多的企业处理企业侵权的方式已不再局限于私下协商解决，而是转而用法律武器来维护自身的合法权益，但在法律诉讼中，往往有很多企业因为无法提供法律要求的相关有效证明而导致诉讼最终失败。一旦出现知识产权纠纷的问题，企业档案利用其凭证价值，能够在反击诉讼请求中为企业提供可靠的依据，帮助企业维护好自己的合法权益与知识产权，从而维护企业的产品品牌形象。在各种专利纠纷中，尤其是产品申请发明或产品外观设计申请专利时，在产品发明过程中保留的技术协议书等其他相关合同文件，它们作为产品设计和生产的主要依据，同时具备一定的法律效力，又同时包含有专利权属的信息，在知识产权纠纷中是企业维护自身权益不可缺少的重要档案。企业对知识产权的维护是企业维护产品品牌形象的其中一个方面，而企业的知识产权档案则是企业维护自主知识产权的重要凭证。

知识产权档案维护企业产品品牌形象，体现以下两个方面：其一，知识产权档案是商标延续、外观设计专利保护等专利所属的必要证明；其二，知识产权档案为企业的知识产权纠纷提供有效证据。

3. 运用产品档案提高企业的产品形象

产品或服务是一个企业的基础，任何一个优秀的企业，或者拥有品质优秀的产品，或者拥有出色的服务，或者两者同时具备。如果一个企业能够在优质产品的基础上再次创造优秀品牌，就能够使消费者对企业产生极高的信任感，并激发其重复购买的欲望。世界驰名的大公司无一不是靠优质产品为企业赢得荣誉，靠优质产品在市场激烈的竞争中经久不衰。与此同时，一个优秀的企业不会固步自封，满足于一时的优秀，而是会通过不同的手段不断地改进本企业的产品和服务的质量，产品档案就是一个非常好的改进产品质量的参考。

（1）产品档案为产品品质提供基础保障。企业的产品在生产过程中每一次生产人员和检验人员的签字、日期使产品生产的每一个环节都具体明确到企业的每一位员工身上，这对于控制产品在生产过程中的质量有着非常大的意义，能有效提高产品的合格率，对日后产品出现问题时落实责任人也有极大的帮助。对产品生产环节的一一记录还利于日后对产品使用寿命的把握。

（2）产品档案为新产品的生产提供技术参考。一个产品在其设计和生产过程中所产生的设计图纸、产品模型、生产试验中的技术条件以及产品说明书等是后期产品进步的坚实基础。

（3）产品档案为产品创新服务。企业有关新产品的决策是总体经营战略和市场营销决策的重要组成部分。新产品的开发是企业生存和发展的重要支柱，产品持续不断地创新能够为产品的品牌形象提供有竞争力的支撑。而企业创新不只是企业员工聚在一起靠头脑风暴能够凭空臆想出来的，产品创新同样需要依靠以往产品研发的经验，在前人经验的基础之上进行改良，产品的创新才更加牢固、有意义。企业的科技档案是企业在生产、建设以及科研活动中形成的第一手材料。科技档案在科技活动中产生，在科技活动的每一环节中都会产生相应的科技文件材料，其中包括有：任务通知书、科研合同、实验计划、实验报告、数据记录、科研成果、技术总结以及鉴定证书等。科技档案记录着企业科研活动的全过程。每一次的科研实施所积攒下来的档案材料都为日后产品的创新奠定更坚实的基础。

4. 运用历史档案塑造企业的历史形象

一个企业的成长历史在树立企业的社会形象中具有长期、稳定的影响，而记录企业历史的最好载体就是企业的历史档案。企业的历史档案产生于企业以往的经营和管理活动当中，在这一历史长河中，企业的特性都会自然地反映在企业档案中，作为企业历史形象的载体。每一家企业的发展历程各不相同，由此产生的企业历史档案也是独一无二的，即使是同一家企业，在它发展的每一个阶段，也有不一样的侧重点，形成的历史档案也各具特色。

在企业形象宣传中，依据历史档案塑造的企业历史形象可谓丰富多彩、生动形象。企业依据档案塑造企业形象，要因企而异，选择最具本企业特色的档案，进行整理、宣传，才能最大程度地得到大众的关注和认可，达到企业形象宣传的最佳效果。

(二) 对营销服务形象塑造的作用

1. 企业营销服务形象塑造的分类

企业营销服务形象是指公众对企业营销手段和服务方式的综合评价和印象。在当下信息社会的环境下，产品更新速度不断加快，人们接收到的产品推销信息越来越多，促销广告也是铺天盖地，要在纷繁复杂的信息中迅速选择出心仪并且适合自己的产品或服务，人们会迅速过滤掉自己不熟悉的广告，只接纳少数几个自己熟悉并且信任的推销信息，也就是说，消费者面对大量而繁杂的商业信息，他们更愿意选购那些自己印象深刻的、值得信赖的，同时在社会上有良好口碑的企业，这就要求企业在日趋激烈的市场竞争中，除了能够树立起自身良好的企业形象，也要能够快速、准确地抓住客户的心理需求，依据客户的生活水平和消费习惯向其推销适合的产品和服务。

企业的营销手段作用的直接对象就是企业的客户。当新客户对企业的产品感兴趣时，一种高质量的营销手段就能够事半功倍地将产品推销出去；而低质量的营销手段就很可能导致潜在客户溜之大吉。同样地，当企业面对老客户，选择一种适合该客户的服务、沟通方式，或者向他推荐一款适合他的产品，就能让客户感到温暖，增强老客户的信任感，巩固本企业在老客户心中的形象；反之，则有可能降低甚至最终失去老客户对本企业的信任感，损害企业形象。由此可见，企业全面掌握客户的需求和喜好对于企业的营销服务形象起着决定性作用。

(1) 个性化服务形象的塑造。企业要做好对客户的服务工作，树立良好的企业服务形象，需要对用户建立一个完整、全面的资料库，也就是企业客户档案，通过了解客户的产品需求种类、产品需求数量、对本企业的表扬和投诉情况、以往交流的时间、地点以及谈话记录等，全面地掌握客户的基本信息和消费习惯，更有针对性地为客户提供个性化贴心服务。

（2）广告宣传形象的塑造。企业在营销活动中，宣传口号、宣传标语、宣传视频等都能够给消费者们留下一定的印象，但若有宣传小册子发放到消费者手中，经过手手相传，在营销活动的后续宣传中，小册子能够让更多的人了解本企业，关注本企业。而在企业营销活动中，营销人员常常苦于没有制作小册子的可参考资料，感觉没内容可写，或是对宣传内容了解也不够深入。此时，企业档案就能够将这些难题迎刃而解，企业档案中包含丰富的产品档案、客户档案、科技档案等，为营销人员编写宣传手册提供了丰富的材料；同时，档案中对产品信息等详细的记载也为营销人员深入了解宣传内容提供了极大的帮助。

企业的营销人员大部分会在营销手段上下功夫，我们不能否认营销手段的重要性和它在产品宣传中所起的作用，但是，如果企业的营销人员能够对产品本身给予更多的关注，通过企业档案深入挖掘产品背后的故事，了解它从研发到生产，再到投入市场这一长链中经历的种种，在产品的宣传中，营销人员无疑能够更有信心地应对潜在客户的提问，设计出更适合目标客户群体的宣传标语、宣传视频等。

2. 运用客户档案改善企业服务形象

企业获取足够多有效的客户资料无疑是企业经营、管理的一把利刃，客户档案作为企业档案管理的一个组成部分，它能够有效地提高企业的经营管理效率，深入了解客户的需求，客户档案在产品营销方面起着情报源的重要作用，帮助企业做好销售决策，与客户之间建立长期稳定的业务联系。

客户档案是企业在与客户交往过程中的客户信息资料、企业自行制作的客户信用报告，以及对订购的客户资信报告进行分析加工，反映企业客户资信状况的全面性档案材料。由于企业开发一个新客户的成本往往要大于其维护一个老客户的成本，完善的企业客户档案能够让企业营销者和管理者更准确地了解老客户过往的产品或服务购买历史，通过分析客户的基本资料、服务或者产品购买的喜好等，为其提供个性化的针对性服务，让老客户感受到企业的重视和关怀，提高老客户对本企业的忠诚度，稳定彼此之间的业务联系。在电子商务中，了解用户的职业、联系方式、配送习惯、信用等级、网上浏览记录能够更好地为用户提供个性化推送。企业利用客户档案维持老客户对本企业的信赖，不仅赢得了老客户的良好口碑，同时也在影响着潜在客户对企业的主观印象，企业客户之间的口口相传能够迅速形成一种风气，在大众之间传播，当新客户还在几家企业之间犹豫不定时，企业老客户之间形成的一种好口碑就如同一块强有力的磁铁，能够将潜在客户吸引到自身企业来。

客户档案加强企业客户的口碑建设不仅仅停留在企业为每一位客户提供个性化服务的层面，良好的口碑更能够来自一个客户群体中。通过对客户档案进行有效管理和分析，能够制定出合理有效的企业宣传、营销策略。比如将客户档案依据不同区域进行划分、整理，针对不同区域的客户，投放针对性的片区广告，吸引该区域新客户的效率将有一定程度的提高；如将客户档案依据不同年龄层进行划分，针对不同年龄层的客户，提供有针对性的服务，开展有针对性的企业活动，能够提升企业宣传的效果；如将客户档案按照消费等级或者业务量进行划分，企业可以依据实际情况，为消费等级高的客户提供一对一的特别服务，对消费等级中等的客户提出一些优惠手段增进他们的消费水平，对消费水平为中低层次的客户实行标准化服务。如此一来，既提高了企业管理客户的效率，节约了企业成本，也提升了客户对本企业的好感值，进一步促进了企业的经济效益。

企业客户档案能够为企业维护客户关系提供多方位的渠道，通过维护企业在每一位客户个人或是一个客户群体中的形象，以点带面地构造一个客户之间口碑建设的密集网络。

3. 运用企业档案塑造社会信赖的营销形象

（1）企业档案为营销活动提供丰富宣传材料。企业宣传活动不是依靠凭空想象、光靠口号的，而是需要有真真切切的宣传内容。而很多时候，企业在宣传过程中因为没有可靠的材料，导致宣传成了空话、投入的资金打了水漂，或者因为宣传华而不实，无法获取消费者的信任和支持，宣传效果不佳。而企业档案作为企业在社会活动中的真实记录，不仅能够提供最真实的宣传材料，还能够进一步地促进广告宣传。在中华老字号企业中，昆明中药厂有限公司对其公司的档案开发得丰富多彩，在宣传企业形象中起到了至关重要的作用。

（2）企业档案为营销宣传的真实性提供凭证。随着信息技术的发展，信息宣传的渠道越来越多样化，人们不再局限于通过广播、电视、报纸、通信社等传统媒体获取信息，互联网和手机技术在年轻一代迅速崛起，也渗透到上一代人的生活中。海量的媒体信息让人们对信息的获取和阅读越来越没有耐心，也在一定程度上降低了人们对信息真实性的认可程度。除去正规的新媒体宣传，互联网时代还新生出了很多的非正规媒体宣传渠道，比如：自媒体、社交媒体和商业网站等。企业档案助力媒体的宣传报道体现在以下两个方面：

第一，企业档案对保障媒体宣传的真实性起着极为重要的作用。当企业通过广播、电视、报纸、通信社等传统媒体做宣传时，企业内部保存的企业档案，作为企业活动的真实记录，能够为企业赢得第一时间作宣传的优势；当企业通过互联网和手机技术等新媒体进行宣传时，由于在互联网时代，信息传播的速度愈发迅猛，企业与企业之间的宣传方式和内容越来越相似，加之公众对信息的获取速度越来越快，信息量愈加愈大，能够给予每一条信息的浏览时间变得越来越少，企业就需要在短时间内能够吸引公众的眼球，获取公众的信任，档案在一定程度上可以实现这一目标。在一篇企业宣传文章或者一次企业宣传报道中，插入一份企业发布的有效声明，或是展示一段企业的公益活动的现场视频等，不仅可以为宣传、报道增加可读性和趣味性，同时也增加了媒体宣传的一个真实性，吸引公众眼球的同时，加深了公众对本企业的印象和认可度。

第二，企业档案能有力地应对部分非正规媒体的虚假宣传。互联网时代新生出很多非正规媒体，如自媒体、社交媒体和商业网站等。这些媒体为了制造噱头、获取更多用户的关注、得到更多的流量，会采取制造负面消息的手段来提高自身的知名度。许多企业会莫须有地被冠以不好的名声，损坏企业的形象。此时，若是企业内部保存有相关事件的企业档案，凭借档案就是历史活动的真实记录这一特点，企业正确地利用这些档案，就能有力地回应这些虚假宣传，以积极、正面的姿态维护本企业在社会公众面前的良好信誉。

(三) 对社会责任形象塑造的作用

1. 企业社会责任形象塑造的分类

企业社会责任形象是指公众对于企业履行社会责任表现的综合评价和印象。企业的社会责任体现在很多方面：企业能够依法经营，企业发展顺应社会发展潮流，企业在正常盈利的情况下严守道德的底线，企业积极参与社会公益事业等。企业社会责任包括强制性的法律责任，自觉性的道德责任和资源型的慈善责任，一个良好的企业社会责任形象包括企业守法形象、企业道德形象和企业慈善形象。当一个企业渐渐树立起它的社会责任形象，巩固形象和扩大影响就是使企业发展更上一层楼的有力保障和助推剂。

(1) 守法形象的塑造。

企业守法形象是指企业在经营活动中能够注重守法经营，并自觉地利用法律来维护自己的利益。遵纪守法是每一个企业公民都应履行的基本义务。一方面，企业要具备较强的法律意识，依法经营，同时自觉约束企业行为；另一方面，企业要懂法，知道如何依法保护自身的合法权益。在所有企业维护自己合法权益的渠道中，对企业最有用的就是法律手段，一旦出现纠纷，企业应当首先考虑运用法律手段维护自己的利益。法律、标准等是硬性约束，边界十分明确，是企业社会责任行为的"底线"。不合法的企业行为会受到法律的制裁；不符合标准的产品或行为会被排斥在市场之外。由此，我们引出企业纳税形象和企业正当竞争形象的重要性。

第一，企业纳税形象的塑造。企业按时缴纳税收虽然是法律所规定，具有强制性，但是合理地向社会公布企业纳税排行榜位置，在一定程度上是向社会展现了本企业的社会信用，表明了对国家利益的重视。企业做到依法纳税，体现了企业经营状况的良好，在遵守法律的前提下，凭借企业自身的实力获取了应得的利润，取得了一定的经济效益。相比较而言，那些偷税、漏税，甚至骗税的企业，很难让人不对其的经营诚信度产生怀疑，长此以往，企业不仅会受到法律的制裁，更是拿自身的企业形象在冒险，甚至丢掉企业的前途和命运。

第二，企业正当竞争形象的塑造。企业不正当竞争行为，是指经营者在市场竞争中，采取非法的或者有悖于公认的商业道德的手段和方式，与其他经营者相竞争的行为。企业不正当竞争行为主要有以下具体形式：混淆行为、虚假宣传、商业贿赂、侵犯商业秘密、低价倾销、不正当有奖销售和诋毁商誉。其中，注册商标、商品包装、商品名称、企业名称、质量认证标志等的混淆，多涉及企业的知识产权，这些知识产权引起的侵权行为，甚至侵犯商业秘密中企业重要的技术信息，没有得到正当的维护，对企业形象的损失是不可估量的。企业的虚假宣传，将产品的质量、用途等作不符合实际的宣传，是对消费者利益的损害，更是对自身企业形象的肆意消费。商业贿赂指以回扣、佣金等形式进行的一系列非法交易行为，该行为是对企业其他利益相关者的利益损害。诋毁行为以广告、新闻发布会等各种形式捏造、散布一些不实事实，极其恶劣地损害对方的社会商誉，企业面对诋毁行为时，就应当能够提供强有力的证据击碎这些流言，以维护自身的正当竞争形象。

（2）道德形象的塑造。

企业道德形象关乎企业的商业道德程度，比如，企业遵守商业道德，不仅表现在企业对供应商、股东等的尊重，也表现在企业对消费者和本单位职工的尊重，企业尊重消费者，就会对消费者的生命安全负责；企业尊重单位职工，就不会为了过分追求企业利润而压榨劳动者的工作时间，做一些损害职工利益的事情；企业尊重社会环境，能够合理地处理在生产过程中产生的排泄物和废弃物，而不会为了图一时的方便以牺牲自然环境为惨痛代价。

企业的道德形象受到社会道德因素的制约，但社会道德因素不同于国家法律，道德因素对企业的制约不具有强制性，是一种软性的约束力量。道德形象的树立对企业的自觉性有较高的要求，在这一过程中，企业遵守社会诚信是一个极为重要的品质，企业道德形象的树立就是企业自觉自律的社会诚信形象树立的过程。在企业履行对员工、消费者的道德责任时，首先要做的就是保证这些群体个人信息的机密性，在保证机密性的基础之上，再通过这些档案维护员工和消费者的合法权益。在企业树立对社会环境保护的道德责任时，不仅要积极落实企业对保护社会环境所作出的相关措施，同时，也应当将本企业履职的过程一一记录，形成一份社会环境责任报告，生动地向社会展示。

一是企业对员工责任形象的塑造。企业的员工责任主要包括员工安全计划，就业机会均等、反对歧视、薪酬公平等。第一，当前的许多企业，仍然存在着克扣员工工资、延长工时、拒付加班工资、不按规定给予劳动者应有的保障等不合理对待员工的现象。第二，企业员工所面临的困难不只是经济权益得不到保障，人身安全也岌岌可危。第三，企业在录用职工时存在就业歧视的情况，高校毕业生、妇女、残疾人等群体依旧会因为学历、性别等受到部分企业的排斥。残疾人就业多数只能选择库管等薪资较低的岗位，当前社会，用人单位在招聘中对残疾人仍有偏见。

因此，企业要想树立对员工负责任的形象，就要对外把员工视为企业竞争的主体，对内把员工视为企业利益的共同体。首先要遵守法律，保障员工的薪酬和福利待遇；其次要尊重人权，改善员工的工作条件，承担对员工的工作和生活责任；最后要保证就业机会均等、消除就业歧视。企业要达到以上标准，需要企业在内部对员工的档案进行收集、整理，并在外部通过企业社会责任报告向大众展示企业对员工权益的重视，树立企业对员工负责任的良好形象，广招贤才。

二是企业对消费者责任形象的塑造。随着人们生活水平的提高，社会大众选择一个企业不仅仅会考虑产品和服务的质量，还会更加注重企业在社会道德方面的表现。事实上，一个存在道德问题的企业，其生产的产品质量也会受到影响。

具体而言，企业对消费者的道德责任主要应该有：保证生产产品的安全以及向消费者公布准确的产品信息。企业坚守"诚信"原则，更能够得到社会的认可，相反，则会受到社会的舆论谴责甚至抵制。就企业现实运作的角度来看，企业如果能够将产品的生产信息整理、归纳，定期地向消费者公布，一来保证了消费者的知情权，二来得到了消费者的信任，让顾客更加肯定企业的道德品质，逐步加深对企业的良好印象。就企业长期存在的角度来看，一个企业若能够自始至终地保持对消费者负责任的态度，并将企业在每一个阶段履行对消费者责任的活动、宣传等文字、图片和影像一一记录、收藏，对企业在日后的形象宣传中所产生的影响力是不可估量的。

三是企业环保责任形象的塑造。企业履行社会责任下的一些行为表现其实是对社会上一些焦点问题的反映，是在响应社会上大家普遍关注的问题，其中，环境保护问题就是很重要的一点。企业关注环境问题也就是表达了企业对社会要求的重视，注重了解社会的一些变化趋势，表明了企业决心成为合格、良好的企业公民的决心。随着民众生态意识的提高，对自然环境的要求也在不断提高，消费者选择企业进行消费，不仅仅考虑到产品本身的安全性能和质量，更加关注产品在生产过程中是否"绿色"，消费完产品后对其的处理是否"绿色"。企业一旦发生重大环境污染问题，就会第一时间对企业的形象和声誉造成巨大影响。

（3）慈善形象的塑造。

企业开展慈善活动，需要投入较多的财力和物力，这也就表明了企业具备足够的资金和物质，向社会表现了企业自身较强的实力水平。企业可以通过组织员工开展志愿活动或者其他公益活动参与改善社会的教育和环境水平，促进社会的基础设施建设，在特殊事件或社会重大事件中救灾减难，尽自身所能发挥作用等。企业的慈善行为对企业而言，不仅仅是单纯地为社会做贡献，它同时也为企业在社会中树立了良好的企业形象，提高了企业在社会中的影响力。企业将这些慈善行为进行记录，向社会大众公布，不失为一个宣传企业理念和树立企业形象的好方法。

2. 运用信用档案塑造企业守法形象

企业收集信用档案，要尤其注重对关系企业信用资质的档案的收集，比如审计报告、财务报表、合同、协议以及银行信用等级评定材料，同时，还要收集社会对企业的信用评价材料、表彰材料以及新闻媒体等对本企业进行报道的材料。具体来说，企业在市场经营的过程中接触的不同群体包括以下几个：在与政府联系的过程中，企业需要接收政府部门的监督和管理，企业需要提供完整的产品质量检测报告、企业用工情况记录等；企业还需要与各大金融机构产生联系，以获得他们的资金支持。各大金融机构向企业提供贷款，需要考察借债方偿还债务的信誉和能力，需要核实企业在本银行的资金周转记录，也需要企业提供抵押物清单及权属证明文件；最后，企业与企业之间也要形成一种良性的合作关系，在企业合作过程中，一方企业也要通过查验、核实另一方企业的资格、水平决定是否开展合作。

3. 运用社会责任档案树立良好的企业社会责任形象

就企业本身而言，企业主动承担社会责任，通过开展多样的社会活动对社会施以积极、正面的影响，不但能够促进企业更好地开展企业经营活动，还能够帮助企业树立良好的外部形象。企业档案展现企业的社会责任表现在企业的社会责任档案，对企业积极履行社会责任的行为进行记录。

企业在履行各项社会责任过程中所形成的档案文件，可分为对内利用和对外利用两个方面。档案文件对内利用，可以为企业的其他业务活动的开展提供信息支持。在企业履行社会责任的活动中，比如活动组织、策划的具体方案是作为企业内部参考之用，不对外开放,而这一活动的策划方案就可以留作企业内部的参考资料,为企业日后的社会活动继续提供信息支持。档案文件对外利用,主要是指企业将开展社会活动的照片、影像、报道公之于众,通过档案展示向社会彰显自己的社会形象。企业的社会活动可以包括:企业参与环保公益事业,企业资助慈善组织,企业支持社区建设等,这些活动照片和影像等一般很少涉及商业机密和个人隐私,这类档案的开放利用能够很好地塑造与传播"企业公民"形象。

第二节 企业档案管理的地位与作用

一、企业档案管理地位与作用的体现

"档案管理是一项管理性的工作,并不直接产生经济效益和物质财富,主要也不由档案管理机构和档案工作人员产生和利用,它是专门负责管理各部门形成的历史文件的一种专业。[①]"档案管理是企业内部管理当中的一项重点内容,是促进资料制度化与规范化建设的基础。进入新的市场环境中,该项工作的重要性日渐显著,给企业的进一步发展带来巨大的支撑。尤其是在信息技术的作用下,其整体工作形式走向了高效性、信息化等,进一步彰显了具体的管理作用效能和在企业发展中的地位。从整体来看,该项管理工作的地位与作用主要体现在以下两个方面:

第一,实现档案的有效保存。在传统的档案管理工作中,纸质档案是最基本的形式,其最大的缺陷就在于,保存具有一定年限性,过了时间就可能需要进行重新整理归档,给档案的完整造成不良影响。应用现代信息技术之后,可以减少该类问题发生,进一步延长档案的保管期限,给管理工作的开展带来更多便利,即便后续进行大量借阅也不会给档案本身带来损害,最大程度上保证了管理工作的质量。同时,信息技术能提供加密保护,进一步提升了档案工作的安全性。

第二,提升管理工作效率。真实有效的档案在企业实际发展当中发挥着重要作用,是实现高效化建设的重要参考。但在传统管理模式下,大多数企业的管理思想都缺乏先进性,且未严格实施审核,消耗大量时间,也影响管理效率。开展信息化管理,使对档案准确性与真实性的查证有了保障时间,还能及时、精准地掌握档案的阅读量和人数,实现档

---

① 杨一端,张静.简论企业档案管理[J].山西档案,2014(6):95.

案优化，提升管理效率。给后续管理工作的开展带来更多便利。

二、企业档案管理地位与作用的提高策略

为应对日渐激烈的市场竞争，企业还需及时转变档案管理思维模式，借助信息技术创新管理体制、优化人员素质、提升工作效率和水平，充分应用其作用开展工作，以实现科学化与规范化管理，使更多信息资源可以和新技术相互接轨。

（一）建立信息化标准体系

在建立管理信息化系统时，还需进一步落实标准体系构建，从而给正常的管理工作带来更多更有效的标准支持以及保障，促进企业工作的迅速推进与开展。

第一，对于资料录入来说，需重点制作出大量的详细说明书，并将其下达到各个部门，促使其完全依照具体的说明要求开展信息的录入与编辑工作。

第二，为数字档案接收制定出详细标准，促使其能迅速上传进入汇总，使信息能完全迅速及时地进行保存，防止丢失问题产生。

第三，需建立管理标准，确保管理工作能够完全依照具体标准落实，如数据备份、存储、划分与删除等都能在遵循规范的基础上，落实与开展。

（二）重建档案业务流程

对于常规档案工作而言，整体上包含了收集、管理及应用三个基本部分，在此基础上，工作者直接展开信息收集、整理、储存等内容。基于信息化技术，其业务流程必须进行重新构建。

第一，完善收集。具体需应用企业当中的信息系统开展收集工作，给各部门下达和分配相关任务，再由部门人员继续利用这一系统上传具体的档案信息。

第二，优化整理。即对数字化档案信息实施集中化管理与分类，并构建专门的文件夹进行存储与备份。整理完具体的信息之后，还需再以部门、时间以及种类等将其进行录入，并设置安全管理权限。

第三，完善检查。定期核查档案的完整程度即有效性，针对其中出现的信息缺少等问题及时与有关部门进行联系补全。

第四，在调取档案时必须和管理对接，并明确和填写具体的调取内容、目的和责任，在防止外泄或丢失的基础上，给对方赋予一定的访问权限。

(三) 加强档案信息资源整合

开展档案管理的主要目的就是防止资源出现丢失或者重复收集等问题。在企业的逐步发展下，每个部门每天都会产生大量信息，要对其进行有效管理，就必须形成一整套完善且全面的管理体制，以强化资源收集和整合。以财务档案信息为例，财务工作者每日都需全面汇总财务信息，以时间顺序为准，如以周或者月进行档案上传；上传之后再依照具体情况设置专门的控制权限，定期对其数据进行修改、整理和增设。如果是人力资源信息，则需由人力资源部门给所有职工都制定出专门的信息档案，并根据职工岗位调整等进行及时修订，以确保信息的及时性与完整性。为了避免信息录入发生冲突与交叉，则要对所有档案信息划定出具体的标准，以使信息的归类更为清晰。

(四) 建立档案人才养成专业队伍

档案管理工作的有效开展前提就是良好的人才队伍，目前很多企业存在人才匮乏的问题，不仅给实际的管理质量带来了巨大影响，还可能会导致相关信息出现混乱，对信息化管理的实现造成阻碍。因此，必须建立信息化、专业化的管理队伍。

第一，管理队伍进行详细分工，依照实际需求聘请具有良好工作经验和信息化知识的现代化人才。

第二，针对具有良好条件的企业，还需进一步强化与高校之间的沟通与合作，在校企合作中引入更多具有先进知识和技术的人才。

第三，加强对现有管理人员的培训和教育，制定出全方位和长期性的培训规划，进一步提升知识掌握程度，促使信息化管理工作能够高效落实。

(五) 提升档案服务效能

开展档案管理的主要目的是给企业的进一步发展和决策带来充分的信息资料支持，但从目前的绝大多数情况来看，档案基本上只发挥出基础的借阅功能，无法体现出良好的服务价值，难以从根本上重视档案管理工作，所以必须尽可能提升档案服务效能。

首先，进一步完善当下的服务功能。各场景下，企业对于资料的需求都是不同的，但目前档案的主要功能是进行借阅，应以此为重点进行全面开发，强化整个管理系统的服务能力。如将全文检索功能、快速检索功能以及数据深挖功能等体现出来。

其次，在原本的服务功能上进一步开发和应用新功能。如进一步提升档案应用效率，放宽档案权限，面向更多人员开放。在保证基本信息安全的前提下，科学梳理各项档案信息。

（六）创新应用数字化信息技术

首先，企业可以直接应用云计算技术建立档案共享数据库，实现档案的共享。比如与其他单位构建云计算共享网络，将能够共享的内容上传到云端，以供所有参与共享企业直接进行查看，降低档案传输和借阅过程中产生的成本。

其次，企业还需加强风险管理，在应用云储存的过程中注重备份，加强事后预防，避免档案资源损坏、丢失或遗漏等问题发生，实现档案信息的高效化管理。对于科技性的档案，可以直接应用数字水印，以标明自己的所有权，加强自身知识产权的保护。还可以应用区块链技术或者访客限制技术等高效安全管理档案，避免管理系统受到侵袭，有效应对互联网中的各类安全风险。

最后，可以应用大数据技术对档案编制进行充分挖掘和筛选，进一步丰富档案内容，提升信息资料的精准性与科学性。另外，在实际编制的过程中，还要依照企业自身的发展战略展开，以此更加全面展现档案资源的作用，建立极具实用性的档案专题内容，实现高效化应用。

第三节 企业文化建设与档案管理

"企业档案是企业的真实缩影，它以文字、图表、图片等形式涵盖了生产经营、企业管理、运转决策、人事调动、资金周转、技术档案等全面而详实的企业信息，具体内容包括文书档案、经济管理档案、专利档案、商标档案、人事档案、财会档案等。[1]"企业档案就相当于企业的成长日志，把企业里多个角度的信息通过各种形式的载体跃然呈现，这些都是企业推行文化战略、开展文化建设不可多得的良好素材，将其进行有效开发利用必会为企业带来想象不到的宝贵价值，形成一股不可估量的影响力。所以有必要先对企业档案和企业文化在知识层面有一个明确的认识和了解，只有掌握了与之相关的知识才可以更好地在实际中运用以让其发挥应有的价值。

一、企业文化建设与企业档案管理的联系及作用

在我国社会主义市场经济体制的稳步构建与改革开放步伐的逐层深入下，愈来愈多的

---

[1] 包学栋，张楠，曹岚，等. 探析企业管理中的档案信息化建设路径 [J]. 中国商贸，2012（11）：72.

企业开始给予自我形象和企业精神更高程度的重视。它们逐步构建出了一种由生产到销售等整个活动里逐步形成的社会文化现象——企业文化。文化是影响经济发展的重要因素，社会主义企业文化建设必定会成为企业经济持续发展中的推手。企业档案与企业文化间是不可缺一的关系，充分利用企业档案，可以有效地建设企业文化；同时，良好的企业文化也会为企业档案的稳定发展带去有益作用。企业档案是全部档案的统称。一方面，它记述并有效反映出了企业文化建设的历史，能够为新时期企业文化的建设提供一定的借鉴和依据；另一方面，对它强化管理原本就是企业文化建设里的重要构成之一。两者之间关系紧密，有相互作用的关系。

（一）企业文化建设与企业档案管理的紧密联系

企业档案具有文化的特性。作为人类社会活动客观的原始记录，档案属于有意识的创造性劳动的持续积累与储存结果，它承载了人类发展历史中关于精神与物质的财富，是人类文明发展与文化传承过程中的重要构成之一，有着浑然天成的文化内涵和特性，是历史积淀的结果。关于人类的思想与活动结果都被完整地记载到了档案里，这些已有的知识和经验促使人类社会逐渐向更好的方向发展。由这个意义而言，档案是一种文化现象，不仅涵盖了上层建筑观念形态，也把经济基础物质成果中凝聚的精神价值淋漓尽致地反映了出来。作为企业档案的门类之一，也带有强烈的文化色彩。

一方面，企业由创立之初就开始持续地积累企业档案，企业的文化思想也被真实地记载到了企业档案里，是一段关于企业形成到发展的记忆旅程。因为人类所创造的所有物质与非物质活动都隶属于文化，所以，企业档案承载的也毫无例外的是一种文化，企业档案管理便有了浓烈的文化特点。另一方面，管理属于文化，所以，企业档案管理自然也是管理文化。比如企业档案中收集的每个季度部门的发展状况调查报告和汇报总结、团队精神文明建设情况总结、新职工学习心得，以及培训理论学习汇报材料等，这些都属于企业文化形式与企业精神培育过程中所必需的素材，促使全体职员努力向上，为企业活动的维系提供助益。

此外，作为一种载体，企业的档案资源承载着企业文化建设。它在一定程度上是企业经营的历史记载，更是一种文化传承方面的积存，因而更是一种弥足珍贵的信息资源。企业文化传播方式多种多样，但离不开档案这个载体。一种企业文化由初创到最后的成熟需要历史不同的发展阶段，主要囊括了建立、累积与拓展三大阶段。而企业的档案资源，则真实地记载了企业经营管理的全过程。它对企业发展的各个重要时期，对文化、发展与政治等诸多方面进行记录，对企业的发展能力与发展水平进行如实记载，对企业的诸多信息资源进行了更加有效的汇集。企业的档案资源也是活动开展情况的信息汇集，它的形成离不开企业的不断发展，在一定程度上是企业建设历史的真实反映，更是企业获得持续与稳定发展的相当关键的信息存储。就档案管理方面而言，已经渗透进了企业的某种文化层面的内容，而且这种内容本身也体现了更加丰富的属性，在许多方面都已经彰显出独特的文化现象。生产力的构成具有多方面的要素，而每一种要求企业的档案都对其产生着极重要的影响。特别是那些具有现代经营理念的大型企业更是这样，企业从初创开始就在档案资源方面不断进行积累，与文化发展相关的一系列思想都得到了真实的记录。这些记录本身即是档案的一项重要内容，作为档案资源的一个重要组成部分，成为企业持续发展的基本动力来源。如果企业的档案信息不慎丢失，那么企业的生产经营能力必须因之而受到相应的影响，特别是这种重要的资源将难以进行恢复。据此不难看出，档案信息资源更是一种对感情的寄托，凝结的是企业的文化心理，而且这是具有极其复杂的文化属性的心理。对企业文化进行建设的过程中，对蕴藏在档案中的诸多瑰宝进行积极发掘，开拓进取，不断创新，就会促进新的档案信息资源的产生。并以此对档案馆藏进行不断丰富，使信息资源所具有的活力得以凸显。

此外，就企业文化而言其形成最终还要依托于档案的形式而存在，从这个角度讲档案这种信息资源更是打造企业文化的根源之一。对新生的事物及其发展的过程进行记录这是形成档案资源的前提，而新的档案资源对企业文化的形成又赋予了新的内涵。作为企业档案管理人员而言，其对档案进行管理的同时，可以更好地挖掘与研究蕴藏于档案中的文化观念，对与文化建设相关的内容进行收集，使之成为档案资源的一部分。这样就会在管理档案过程中，显示出企业管理的能力与水平。同时也会促进企业的文化建设与档案管理有机结合，相互补充，相互促进，一并推动企业的不断向前发展。作为文化资源，企业档案本身就是文化的一个组织部分，这是一种对企业的经营管理起到积极的服务作用的文化资源。企业本身文化方面的记录与传播，最终都需要依赖于档案管理才能最终得以有效实现。如果离开了档案资源的支撑，那么文化建设要想拥有自己的生命力将变得极为困难。

从档案的内容层面进行审视可以看出，档案本来自身即是一种文化。档案管理本身就是文化建设的一项重要内容，此外，对档案进行管理又是利用档案与丰富档案内容的过程。所以，就文化建设与档案管理来讲，二者之间存在着一种相互促进的关系，是整个企业经营管理中不可或缺的两大组成部分。

(二) 企业文化建设与企业档案管理的相互作用

企业管理的档案其重要环节就是要发挥出在档案内所存储的文化理念与经营管理理念

都形成了一种文化价值，或者是一种文化价值的反映。文化建设从本质上讲，突出地表现在经营管理过程中管理理论与经营思想的形成与发展，同时也囊括了企业精神与行为及价值方面等文化精髓。一个注重文化输出，一个旨在文化建构，由于有了共同的文化性特征，因此，二者之间存在着紧密的内在联系，并由此而相互作用、相互影响。

1. 企业档案工作在企业文化建设中的作用

第一，企业对档案进行的管理活动，这是整个企业经营管理文化的一项内容，它对企业文化的进程与走向起到制约作用。企业在自身的档案中记录了企业的创业过程与发展过程，也将企业在不断向前发展中的教训及经营管理经验进行了有效记载。对企业科技创新与发展理论创新进行相关的记述，这些资源都是相当珍贵的资源，而且作为一种精神性的动力是极为重要的。企业的档案作为一种文化载体，其文化属性本身就是自然而然形成的。只有将档案资源管理好，才有可能保存下来这种重要的文化资源，唯有如此，企业的文化建设才能获得更加长足的发展。

第二，企业的档案管理实现了对企业各种各样的文件及资料进行搜集与归档处理，实现了对这些资料的整合与保存，这一过程本身就是一种文化的积累过程。对相关的文书材料进行搜集的过程，就是对企业的文化资源进行挖掘的过程，也是进行整理的过程。当然，这种整理与开发本身即伴随着编研活动的进行。以企业经营管理的历史进行总结，对优秀员工进行奖励，对企业的优秀传统进行弘扬，对企业的良好形象进行展示，这就是进行企业的文化建设。这同时也是对企业文化进行的一种推广过程，更是企业文化得以传递的过程。比方相关的档案管理办法中已经有明确的规定，对企业的精神文明建设、思想政治工作与统战工作等都有着明确的规定。这些相关的文件正是属于一种归档的过程，在进行管理与经营的过程中，企业的形象也同时得到了积极宣传。许多文件材料都需要进行归档，这些归档的文件已经体现了相关的管理规定。而且这同时也是进行企业文化建设的相关规定。

第三，着眼于文化建设不断促进宣传工作的不断强化。就文化建设来讲，很多的资料都来源于档案，这种资料的属性是第一手的，和企业的文化建设密切相关。首先是通过对档案的利用，可以使企业的年鉴得以据此进行编辑，也可以使企业发展的科技历史得以编辑完成，也可以使经营管理历史凭借这些信息完成编辑活动。不仅可以使员工的价值理念得到统一，还可以提振员工的自信，树立起主人翁的意识。其次是通过存储于档案之中的先进事实材料，对员工进行表彰奖励。这些材料包括企业员工、党员材料、模范人物材料、先进单位的材料等。通过榜样教育，来营造良好的争先氛围，树立起以人为本的关怀理念，使企业的向心力不断增强，凝聚力不断提升。另外，通过相关制度的编辑撰写，通过岗位职责与工作标准的制订和确立,对企业不同岗位的员工进行规范,不断提升员工的文明程度,使员工有遵章守纪和参与企业经营的水平。企业文化建设部门通过挖掘档案信息资源,进一步加强企业核心价值观、企业精神、企业管理等方面形成一定的实力。

第四,企业的档案建设为文化建设注入了相当的活力因素,这是因为很多关于企业经营的历史资料都需要以档案的形式进行记录与传承。在这种过程中通过档案的记录可以提供一定的参与和借鉴价值,可以使文化建设彰显出正本清源的效能。企业对档案进行的管理所体现的是记载其历史进程,不但真实地记录它自诞生到成长的全过程,而且使企业在技术与经验方面得到了相应的传承。企业在文化领域的发展也会通过档案的方式加以固定下来,作为一种文化积淀,它汇聚了极为丰富的内涵。作为企业的文化建设而言,一定要立足于自身的经营管理实际,保持自己的定位,建立起一种具有自身特色的企业文化。切忌人云亦云以盲目跟风的方式,将其他企业的文化拿来为己所用。对企业的档案资源要进行深度的开发利用方面的研究,对企业的发展历史也要进行深入研究,要对本企业在发展过程中所形成的规律与特征进行更加精准的把握。

2. 企业文化建设对企业档案工作影响的体现

企业的文化建设本身就是一种极富个性化的体现,主要体现在以下层面:

(1) 对档案实施管理的态度,本身即受到文化个性的影响。比方,企业经营以利润最大化作为自己追求的目标,但是由于企业有可能在经营中出现短视现象,因而会导致对经济效益不明显的部门重视不足。企业的档案部门不是直接从事生产经营的,因而对其重视的程度相对弱化。这样一来,因为不创造经济效益,档案部门被边缘化的可能极为明显。

(2) 由于企业的不同,企业文化也不同,因而不同的企业所形成的档案资源无论在归档方面还是在积累与形成方面的都是不同的。在以往的计划经济时期,无论企业的实际规模如何,所转向的行业怎样,都只能是依据一个模式进行。而这种企业文化无论如何都体现不出各自的特性,加之,这种档案资源作为一种资产,其所有权完全归属于国家。因此,它在归档、积累与形成的各个阶段都只能是严格依据国家相关要求进行,而企业文化自身的价值实在难以得到相应的体现。置身于市场经济的环境之中,企业所拥有的自主权较以往明显增多。不管是什么规模与什么行业的企业,都在企业文化建设方面体现出了自己的个性特征。如果着眼于档案的建立过程不难发现,一份材料本身是不是值得进行以档案的形式进行保存,基本上与两种因素密切相关。一种因素为是不是符合归档的相关规定,另一种因素为当事人在这方面的思想意识如何。然而,这种意识的存在,正是基于企业文化的某种具体体现。

(3) 企业文化对企业档案的建立,特别是材料进行归档在范围上形成影响。企业的档案范围从本质上讲,为档案资源利用的实际情况所决定。文化建设要求企业在发展的历程与企业的成长方面都必须加以如实记录,要求对企业的文化与管理哲学进行宣传并予以记录,而档案是这些相关信息存在的载体,对企业在文化建设方面进行如实记录有着特别的要求。这不仅可以使文化建设具有一定的材料支撑,也使文化建设具有相关的保障。另外,档案管理部门作为企业保管、整理与收集档案信息资源最为关键的部门,是企业文化得以发展的重要实施者之一。作为档案管理人员,在对档案资源进行收集时,需要对文化建设方面的要求予以充分考量。要对何种资料是企业所需要的进行研究,何种文件是企业文化建设所需要的,在此基础上才能实现对企业文化建设工程的强势推进。所以,作为管理企业档案的人员,必须具有高度的政治觉悟与企业经营管理方面的知识。要保持高度的敏感度,对与企业相关的信息资源进行收集。特别是在工艺方面、技术方面、先进事迹方面,同时要以企业的宣传媒体对此进行有效的宣传。只有这样才能使相关的态度得以转变,员工的积极性得到激发,企业精神得以升华。要对企业的奖旗、奖章与相关的荣誉证书进行及时收集,并建立起展览室与陈列室。这对员工自豪感的增强,对企业的信任感与荣誉感的提升都极为有益。

二、企业文化建设背景下企业档案管理的对策

档案工作应伴随经济工作一起发展和延伸。当前,我国还处于社会转型期,企业档案部门在进行管理活动时会面临各方面的问题,我国企业档案管理工作的总体情况表现为,前所未有的机遇和前所未有的挑战并存的状况。如何应对这些问题是保障好档案管理工作未来发展的关键。企业文化是在知识经济背景下,所制定的发展战略,有助于从多个角度,为档案工作的开展提供思路。但是要对企业的实际需求进行引导,以破除原有的分类方法与归档范围的限制,真正做好对企业档案的管理工作,使其发挥对企业核心能力建设的关键作用,成为企业进行信息决策的依据与根源。

(一) 深度挖掘企业档案的文化价值

企业档案属于能够用来反映企业各项活动与历史面貌的第一手材料,不仅是由生产到经营,再由管理到科研等多项工作的主要参考依据,对于企业来说也是一笔不可多得的财富。假如企业档案工作审视过程中能够把企业文化建设作为初始点,对档案内的文化价值进行深挖,就必定会为企业无形资产的增加,商业信誉的延续带来突出性益处,能够推动企业形成新的品牌效应和发展理念,保证企业得以长期稳健发展;能够为企业风险抵抗能力的强化带来一定作用,把档案自身的作用全然发挥出来,如依据与凭据作用,保障企业

的合法权益与利益空间；可以为企业信用体系的构建，创业发展历程的展示带来强劲的推动力，凭借深挖企业档案的内在价值来保障企业的合法权益与利益空间。

充分挖掘企业档案资源的潜在价值，吸收企业文化理念，注重隐性内容的挖掘。对企业重要营运管理活动、重要业务推广、重点工程项目的"三重"档案加强跟踪整理、及时归档，为开展档案创新编研做足充分准备；精选极具代表性和专业性的档案材料，结合企业新闻、媒体宣传资料形成宣传文件汇编专题，建立特色专题，丰富室藏资源，为开展档案创新编撰工作奠定坚实基础。将企业家的个人事迹档案纳入企业的发展轨迹中来，使档案资料更加充实和人性化。就通常情况来说，企业家都会在整体的创业过程中聚齐高价值档案材料，这堪称是企业精神文化层次上的巨型财富。通过档案来把他们的人生轨迹完整地记录下来，是一项既可以全面体现出企业的人文关怀，也是充分梳理企业文化、维护企业形象的重要材料和资源，从而将档案服务工作提升为企业文化建设活动。

众所周知，档案是一种有着极高地位的文化资源，要想把它的价值充分地发挥出来，就必须大面积传播这项资源，所以，档案工作也要在合适的时间里把相关档案信息传递给企业，以此来为工作目的的确定提供支持。基于此，档案部门有必要围绕企业文化建设进行信息和知识服务的角度积极探索和发现档案的内涵价值，只有在利用中才能显现价值，当前档案部门需要尽快做的是对过去的传统思维与管理方式进行创新，把档案信息资源开发视为终极目标，持续推动档案信息资源的深挖与档案利用服务的开展，促使档案部门馆藏优势得以全面发挥。构建出围绕档案部门的信息中心，充分利用现有知识资源，冲破人为设置的利用藩篱，为管理者提供更为全面的知识服务，增加档案文化价值的发掘潜力。

（二）加强企业档案馆的基础设施建设

档案利用服务工作离不开基础设施建设的支持，档案利用服务的主体和基础就是档案的数据资源。现在是一个信息高速传播的时代，需要对网上的资源进行合理的运用和传播，从而使档案利用服务系统中专业数据库内的资源足够充足。另外，强化信息资源的检索功能，才能满足不同企业相关者对档案数据的不同需求。

第一，把提高档案管理科学化水平纳入发展规划中来，制定资金支持、场馆建设，将档案工作推向科学发展、快速发展的轨道上来。对档案管理工作的重视体现在对档案管理工作加大力度投入资金，大量的资金投入可保证企业档案管理工作正常开展。创建档案使用机制和平台，同时在对本单位综合计划进行制定的过程中，应当充分考虑档案硬件设备和操作软件的实际需求，以此来确保档案管理的设备设施齐全完备、经费充足到位。

第二，加大投入，遵照国家相关档案保护的规定对企业机密档案进行保护。落实专人管理档案，特别是科技档案管理人员；企业应当加大财力的投入，建立单独档案查阅室，确保档案的保密性；增加防窃、防寒、防灾、防毒虫等这些保护设备，将档案室的所有窗户密封，以保证纸质档案不受外界环境的伤害，确保档案的安全，把意外的发生几率控制在最低限度，以此减少档案资源受损事件的发生。针对那些不同载体的重要档案，企业有必要使用加密措施，杜绝机密向外泄露的情况发生。

第三，加大对技术和人员的资金投入力度，充分利用先进的技术，大数据使人们面临巨大数量而且样式多样的档案数据信息，这样会很容易导致一系列的问题发生，由于之前的技术不够先进使企业无法搜寻到自己想要的有用信息，或者直接查不到信息。因此在大数据时代背景下，我们要充分利用现在的先进技术在海量的信息中，来搜寻挖掘我们所需的精准的数据信息，从而提高档案利用的服务效率，为数据的查询提供方便。

第四，科学配置软件、硬件，完善软硬件设备。在大数据环境下，档案信息安全管理工作的开展离不开相关的硬件设备和软件程序，因此，档案管理部门应当配备完善的设备设施，如计算机、扫描仪、复印机等，其中计算机是主要设备，其运行速度应当尽可能快、系统的存储量也应当比较大，同时，要及时进行更新和漏洞修复，以免留下安全隐患。此外，要对相关的保管设施加以完善，可在档案管理室内设置防磁柜、除湿机等设施，提升环境的安全性。企业档案信息化管理的开展过程中，软件与硬件是两个核心的内容，如果在该方面表现出严重的问题，那么后续的所有工作，都只能在理论上开展，实践方面的工作难以达到预期的效果，甚至会造成极大的不良反响。切实加强档案办公与档案库房安全管理方面的硬件措施。为保障档案管理工作的健康持续进行，企业集团要全面强化档案办公与库房安全等各项硬件措施。首先，各集团下属单位要积极为档案部门配置诸如打印机、档案专用消毒柜等的必要设施。条件许可的单位要积极配置密集架和档案数字化设备。其次，各类档案库房要确保档案库房面积充足，并至少为今后接收档案预留20年的余量。档案库房不能设置在地下楼层或顶层，各级档案部门都要严格落实档案库房安全防护措施。还可以设置文件开放式阅览室，并构建出科学高效且健全的电子档案信息系统，以此推动档案管理数字化进程，既为职工查阅与浏览提供了便捷的工具和平台，又可以借此来宣传推广企业文化、企业精神、发展理念。增强职工团结进取的企业精神，促使档案资源得以充分使用，强化员工归属感，使员工与企业站在统一战线上，在竭力实现自我发展的同时推动企业的长足发展。

（三）塑造企业档案管理的核心理念

企业档案管理的核心理念是档案工作推行过程中所必须奉行的价值取向和价值准则，

是全体档案人员所共同认可的指导企业档案工作的群体意识，是企业档案活动的行动准则和指导思想，在企业档案管理工作中处于核心地位。核心理念是企业档案管理工作赖以延续的精神纽带，有什么样的价值观，就有什么样的立场、取向和选择。数据大爆炸的时代，无论是在日常工作的理念方面，还是服务企业方面，档案信息的思想一定要跟上时代的节奏，保持创新。规范档案管理思路，做好企业档案管理创新。企业要以提高创新意识、提升创新能力、激发创新活力、规范创新行为、增强档案事业发展后劲为总目标，关注创新、思考创新、参与创新，档案管理要更新管理理念，推动档案工作为企业决策提供更多必要性支持、更有效地推动企业战略发展、为职工查阅档案需求提供满足。

在企业档案管理工作中，树立好的理念对企业的精神以及文化活动起到"软"约束的作用。要树立核心理念，首先应引起企业档案工作者以及全企业同仁对企业档案工作的重视，了解企业档案工作价值，让大家知其然，知其所以然。在这种情况下，企业各部门才能更好地接受企业档案管理理念。一方面对企业档案工作者，要强化关于企业档案的价值解读。对于企业而言，企业档案是无可替代的核心信息资源，既是对企业价值的有效界定，也是企业持续维系自身的竞争优势、有效促进核心竞争力的必备要求之一。为了最大限度地把企业档案作用发挥出来，为企业目标与战略价值的实现带去推动作用，企业有必要根据核心信息资源管理角度来强化对档案工作的认识。另一方面，对企业上下要通过多种形式进行宣传。这对企业各部门人员接受企业档案管理理念有着基础性的作用。其次，树立企业档案管理服务意识，塑造企业档案管理的核心理念。实则，企业档案管理核心理念也是档案管理工作中的基本要素之一。

理念高于认识，是对认识的进一步升华。在管理理念的规范与指导下，企业档案管理工作才有了灵魂。企业档案管理部门需要以有效吸纳信息资源管理、知识管理等理念，并和企业的自身文化有机融合到一起为指导，以"珍存企业记忆、构建信息平台、实现信息共享、提升档案价值"为目标，促进企业档案管理工作在信息获取到信息输出整个过程的能力，为企业成长与稳健发展提供信息资源保障，以此来把它打造成"凭证中心"与"信息中心"。在对企业档案内涵、功能有了一定理解以后，要在企业档案管理人员的日常工作中形成服务企业的认识。只有形成良好的服务意识，树立企业档案管理核心理念，才能形成大的格局，为加强和推动企业档案服务企业文化建设事业提供了坚实的思想保证，才能进一步推进企业档案服务企业文化建设等工作。企业档案管理工作只有不偏离企业文化和企业战略，才能走向繁荣之路。否则，在前进的道路上必定是失败的。企业档案部门与其他部门形成联动机制，大力宣传企业档案管理理念，使档案管理工作、管理理念和管理目标逐渐趋同于企业现在及未来的整体事业规划、发展战略、企业文化建设和最终目标，为企业档案管理工作的稳健发展带来强劲的推动作用。

（四）建立健全企业档案管理制度

企业在进行档案工作时，首先要符合国家的有关政策和法规，在此基础上也要结合自身的具体情况，建立严格的规章制度。建立一个合理合格的制度标准，有利于规范员工工作，增强整体凝聚力，促进企业的进步。

首先，应在单位领导的分工职责中对本单位的档案管理工作加以进一步明确，并在如下内容中体现档案工作：目标管理考核细则与考核结果、任务分解表等。各档案管理机构要按照法规标准要求，结合各自实际，健全内部管理制度，将档案管理工作归入到企业发展考核体系里，以此来不断提高各级对档案管理工作的认识水平，激发关心、支持、投入、提升档案工作水平的积极性。为调动相关部门及人员参与档案管理工作的积极性，可以制订制度来加强档案管理：部门考核制度、个人岗位责任制等，对于档案工作做得好的部门和个人应给予适当的嘉奖，对疏忽大意、玩忽职守造成重要档案文件损失的部门和个人视其情节轻重进行惩处。

其次，建立档案管理制度标准，使档案管理的主要环节都能按照规范标准的要求进行。此外，还要厘清企业档案工作行政监督渠道，实时强化档案行政监督力度。遵循档案管理工作科学化管理规范的严格要求，不断开展自测自评，随查随纠。部分档案行业管理力度呈现出了持续被弱化的表象，档案工作监督检查和业务指导功能逐步消失殆尽的条件下，构建档案工作监督渠道，并立足于实际实时予以健全，不断促进企业档案管理的行政监管和执法力度，通过有效做法来促进企业对档案工作的正确认识，加大对档案工作的重视程度，为企业档案工作的顺利运作提供确切保障。

（五）提高企业档案的管理水平

提高档案管理意识，培养正确的企业档案管理思路，促使档案利用效率最大化。就通常情况下来说，要想确保档案管理工作目标的有效实现，就必须从领导做起，给予档案工作高度重视。大面积传播档案管理的意义所在，强化档案法律法规学习，以此来培养集团职员对档案的正确看法，深刻了解这项工作的重要意义，以更加积极主动的态度投入档案管理工作。档案管理的最终目的就是提供利用，因此，档案管理人员要树立服务意识，使企业的档案为企业战略、文化、职工培训服务。还有，以积极主动的态度持续完成编研活动的开展与档案信息开发工作等，以确保能够为管理者提供必要支持。对馆藏档案资源，以更好地发挥价值、便于使用为目的进行重新整合与处理。在提供档案服务工作中，推动档案管理由封闭式向开放式转变，服务范围也由特定需求向支持决策、展示教育、服务大众转变。另外，还要加强档案利用反馈信息的管理，以满足企业文化建设、发展计划制定等工作的需求，从而提高档案的利用率，充分发挥其文化和经济效益。档案服务工作是为企业提供信息服务支持活动的重要途径。

改变管理方式，对档案管理进行及时创新。档案管理现代化并非只是先进设备的配置，还涵盖了管理方式的标准化。档案标准化的意旨是现代化档案管理不能有违背相关标准化规定的迹象。这么做的目的是为了确保现代化企业档案管理有法可依，能够确保整个档案管理过程都能够清晰明确，能够确保档案的完整性与记录的翔实性等。还有，档案管理工作还需要坚实做好下述工作：先应该建立明确的制度流程，保证档案从收集到最后的录入档案，能够有一个流程制度，去保证工作的顺利进行。而在其中，需要从业人员具备专业的素质，能够对当前的工作流程了然于胸，从资料的收集、保管、鉴定等流程制定相应的工作标准流程规范。与此同时还应该加强档案工作的校核力度，这样能够保证档案资料的正确性。而一旦出现资料的错误，也能够及时挽救，从而保证了资料的有效性。当然要在这个过程中，仍旧是需要一定的监督机制的。对这些标准的制定应做到考虑周详，留足补充修改的空间，并对各项标准作出详细解释。

企业需要尝试构建出围绕主营业务制定的档案管理体系，并在组织机构、人员结构方面把主营业务的自身特征凸显出来，以确保企业档案工作运作过程中能够畅通无阻。不断提升档案管理人员的专业素养。随着计算机技术的不断发展，越来越多的管理方式受到了计算机技术的影响。就目前来说，我们需要通过培训以及资料的宣导等多种方式帮助档案管理人员去建立一个高效的、专业的档案管理平台，提升他们的档案管理技能。

首先，要让他们从思想上重视档案管理工作，档案的管理不仅仅是简单的资料的保存，其中还需要做其他很多方面的工作，比方说资料的查阅、资料的总结等，都是需要档案管理从中发挥作用的。其次在思想上重视，需要提升从业人员的专业素质，可以通过日常工作的总结，还有一些先进经验的学习。既然要建立信息化数据的档案，在人员选择上，要优化档案管理人员结构，不仅吸纳档案管理专业人员，也要立足现实和长远发展，加大对信息技术、计算机、大数据、云计算等人才的招录力度，使人才结构更加符合档案事业的发展。应该优先选取专业的信息化人才，有从事档案工作的经历，也有专业的信息化数据的知识，才能建立高标准的信息化档案。对于过去的从事档案工作的人员，应该加强现代科学技术的培训，让他们尽快利用现代科技来完善工作，同时对过去的档案进行集中整理，让过去的档案也可以在网络上进行查询。这是一个长期的工作，需要档案人员有足够的耐心来完成这项烦琐的任务。同时要通过与专业联系、引入专业人才的方式，通过聘用制、技术服务外包等方式引进和使用优秀人才，不断提高从业人员的整体专业素质、理论水平。要把总结探索档案管理工作及业务发展，作为全面发展的重要内容，广泛开展档案学科研活动，推动档案管理水平的提高。

第四节　企业档案管理的数字化转型

企业档案是企业知识资产和信息资源的重要组成部分，与企业的生产、经营活动密切相关。企业通过档案管理工作将各职能活动中产生的大量文件进行系统地整理和归档，并通过提供利用为企业生产、经营、管理和持续发展提供有效服务。因此，企业档案工作作为企业生产经营、管理活动的重要基础性工作，档案数字化转型是企业管理全面数字化转型的必经之路，应实现档案自身工作的数字化转型，发挥档案资源在数据资产中的重要作用，为数字化企业的生产经营活动提供良好的支撑和保障，促进企业经营活动的可持续发展。

一、企业档案管理数字化转型发展的意义体现

企业档案管理的数字转型，是指企业档案管理部门从以纸质文件档案管理为主导的模式全面转向以数字文件档案管理为主导的模式，其范围覆盖文件的形成、捕获、利用、处置及保存的整个生命周期。

企业档案管理数字化转型发展的意义体现在以下方面：

第一，是企业满足数字化时代档案利用需求的必经之路。现阶段是企业管理的数字化时代、精细化时代，企业人员的档案利用需求也在发生变化：一是电子档案利用率日渐高于纸质档案，档案利用愈发普遍；二是对档案利用的时间开始有更高的要求，档案利用者希望档案管理部门能够迅速、及时、准确地提供所需档案；三是对档案利用的方便性开始有更高的期待，档案利用者希望简化档案利用审批手续，并通过网络方便快捷地获取可以开放的企业内部档案信息资源。

第二，是企业提供高效档案利用服务的基本手段。对于数字化管理时代的企业，档案管理需要起到辅助提升企业管理运营效率的重要作用，因此提供高效的档案利用服务是重中之重。企业档案数字化转型后，可以即时阅读档案信息，更加灵活和高效；企业档案可以放在网络环境中提供利用，通过网络技术等信息技术实现数字化档案信息的网上集成检索和利用，为利用者提供更加便利的档案信息服务途径；同时打破时间、地域的限制，实

现档案信息的快速传输与便捷下载。

第三，是企业档案管理工作发展的必然趋势。首先，传统的纸质档案载体容量有限，管理成本较高，而数字档案信息载体容量大，可以节省纸质档案保存空间，从而降低企业档案管理相关成本。其次，纸质档案一旦遭受破坏难以恢复，而数字档案信息可以实现备份，可以保留多份来避免档案受损，降低风险。最后，在查询纸质档案时通常需要翻阅几十卷甚至上百卷的档案，工作十分繁重，而数字档案信息利用过程中，利用计算机可以在几分钟内检索到所需内容，能够大大提高整体工作效率。

二、企业档案管理数字化转型发展的实施策略

（一）改变传统思想，树立全员档案意识

企业发展到数字化管理时代的今天，档案工作早已经不是档案管理部门的事情，而是一项企业全员性的工作，档案工作涉及到每一个部门、每一项工作，甚至每一个人，因为要想确保归档电子文件符合归档标准要求，就要对归档电子文件实行全面、全过程、全员参与的管理。因此，要做好企业档案管理的转型，不仅要依靠档案管理人员，还需要企业全员共同参与才能保证档案管理的顺利转型。档案管理部门应通过对档案数字化管理的相关标准、规范进行宣传、教育、培训，提高全员对档案数字化转型的正确认识，加强档案数字化转型过程中档案工作的整体配合与协调。

（二）打破传统思维，贯彻前端控制思想

传统档案管理理念和档案后端式管理模式已不再适应企业数字化时代的档案管理，贯彻前端控制是大势所趋，档案管理部门应在各业务系统电子文件的形成初期，了解各业务系统文件形成的内容、结构、格式、形成背景，然后根据国家档案管理规范、企业档案管理相关制度、文件形成的规章制度对企业文件的形成、积累工作进行监督和指导，从而使得文件材料及档案信息能自形成之日起就处于有效的控制管理状态之中，使最终归档的文件是真实的、可读的、可用的。因此，将后端式被动地收集、保管转为前端式主动监管、控制，有助于提高数字化档案管理效率，提升归档电子文件的质量，最终达到归档文件的标准化、规范化管理要求。

（三）改变固有档案服务方式，采用多种方式提供档案利用

存贮在企业档案中的信息，内容广泛、门类众多，仅仅等企业人员主动到档案部门查

档案，会极大地限制企业档案价值的发挥。企业档案工作者应当改变过去"看摊守业""你查我看"的服务方式，对库存档案信息资源进行系统地深加工，采用信息化管理手段，将这些加工好的档案信息材料及时、准确地通过线上推送到企业档案需求者手中。对于线上利用，主要是针对可以开放的非密级性电子档案或经数字化转移之后的纸质档案信息内容，可以对经常利用企业档案的人员通过权限设置，实现档案利用者不受时空限制地自行进行检索、阅览和下载，获取自己需要的企业档案信息，并以超链接、超媒体的方式提供便捷的访问途径，利用者可用的企业档案信息内容更为全面、立体，获取服务的手段、途径也更为多样化。对于线下利用，利用者通过线上对档案目录及加工后的档案信息材料阅览，选择需要借阅的实体档案，通过线上进行档案借阅审批，将实体档案借出利用，按规定归还。

（四）打破"重管轻用"模式，注重档案开发利用

传统的档案管理主要保管以纸张为主要载体的信息，它的利用模式必然围绕纸质档案和实体档案开展，从而形成了"重管轻用"的模式，往往把利用者放在次要位置，而档案管理的最终目的是发挥档案的作用，档案的作用是在对其利用的工作中得以实现的。在企业数字化转型发展的今天，档案利用愈发普遍。因此，档案管理转型发展必须重视档案的开发利用，档案管理人员应与档案利用者以及经常利用档案的部门加强联系，档案管理部门定期组织档案利用者对不同载体的档案利用成果及其利用方式等档案服务进行交流，关注档案利用者的使用需求，重视对档案利用信息的反馈，根据利用者的反馈信息更好地对企业档案信息进行开发，满足数字化企业生产、经营活动的档案服务需求。

在企业数字化转型发展的大环境下，档案管理工作只有与时俱进，改变传统管理模式，树立全员档案意识，贯彻前端控制思想，对文件的形成、积累、整理、归档实施全过程管理，通过重视档案信息资源的开发利用，满足企业档案利用服务的需求，才能为数字化时代的企业生产、经营和管理活动提供更加优质高效的服务，发挥档案更大的价值，为企业创造更多的效益。

第五章 高校档案管理与现代化创新

第一节 高校档案与档案管理概述

一、高校档案的特性与作用

(一) 高校档案的含义

"高等学校档案与高校档案管理是两个既有联系又有不同含义的概念。高校档案是高校档案管理的主要对象,而高校档案管理则是高校档案赖以生存和发挥作用、服务于学校各项工作和社会的重要依托。[①]"高校档案是指高等学校从事招生、教学、科研、管理等活动直接形成的对学生、学校和社会有保存价值的各种文字、图表、声像等不同形式、载体的历史记录。高校档案的含义包括形成范围、形成方式、形成特征等三个方面。

第一,形成范围。形成范围主要是指高校在从事招生、教学、科研、管理等活动中形成的档案。这里所指的档案,它与一般文件材料的概念不同,一般的文件不一定都能成为档案,只有按规定由高校所属各部门(或单位)将属于高校归档范围和对学生、学校、社会具有保存价值的文件材料,经过立卷归档后才能称为档案。高校档案是由高校文件材料转化而来的,因此高校文件材料是高校档案的来源和基础,但文件材料并不等同于档案。

第二,形成方式。直接形成的历史记录是档案的特性,也是高校档案的特性,是高校档案这一事物区别于其他事物的主要标志。只有高校在从事招生、教学、科研、管理等活动中直接形成的或具有原始性的历史记录(文件材料)才能成为档案,非直接形成的或不属原始记录性的文件材料、参考资料可以称文献或资料,但不能称为档案。具体而言,高校在从事招生、教学、科研、管理等活动过程中,为了与学校各部门和校际乃至国际之间

---

① 王芝兰.高校档案规范化管理[M].长沙:湖南师范大学出版社,2012:1.

进行交流与联系，一般都要收集或收到不属于本校直接形成也不反映本校活动工作的文件材料，这类文件材料不属于本校归档范围，也就不能转化为本校档案。

第三，形态特征。"文字、图表、声像"等不同载体是档案的形态特征，也是高校档案的形态特征。高校档案也同其他档案一样，具有纸质和非纸质的各种不同载体形态，如纸质载体和照片、影片、录像录音磁带、光盘、电脑储存等。经过立卷归档整理程序以后，高校档案又具有了卷、册、袋、盒等形态。

另外，将高校从事招生、教学、科研、管理等活动形成的文件材料转化为档案还需要具备以下条件：①办理完毕的文件材料才能转化为档案。所谓办理完毕，是指完成文书处理程序，即招生、教学、科研、基建、生产技术、财会等文件材料形成或处理时间告一段落（或年度）后才能转化为档案。②对学生、学校和社会具有保存价值的文件材料才能转化为档案；凡不属本校归档范围和没有保存价值的文件材料不能转化为档案。③经过立卷整理的文件材料才能被称为档案，即按照国家主管部门制定的有关规定，遵循一定的原则和方法，将零散的文件材料分类组成卷、册、袋、盒等形式的保管单位，才具备档案特征。

（二）高校档案的主要特性

第一，综合性。尽管各个高等院校规模大小有别，文理工专业设置不一，但是就机构设置和形成档案的情况而言，都具有综合性的特点，按约定俗成的方式划分，文书档案、科技档案和专门档案样样俱全。

第二，专业性。高校的主要任务是教书育人（即培养高层次人才）和开展科学研究活动。为了培养人才和开展科研活动，就必须创造各种条件，这就必然会在师资队伍建设和教学设施、校园建设、教学、科研及人事与财会管理等各方面形成各种专业性档案。高校的主要工作对象是学生，围绕学生形成的档案应当作为高校档案的重要组成部分。将学生类档案与其他各类档案并列，在体现高校档案专业性的同时，也体现了它自身的专业性特点。

第三，交叉性。高校档案不论是按内设机构分类，还是按职能性质分类，有关管理性文书档案和专门性或专业性档案，不同载体的档案之间都存在一种交叉的关系。为了便于保管和提供利用，在分类整理时必须充分考虑这种交叉性的特点，注意相互保管和提供利用，在分类整理时必须充分考虑这种重复性的特点，注意相互衔接和尽可能避免重复归类。

第四，原始性。高校档案是在招生、教学、科研、管理等活动中直接形成的原始记录,具有原始性特点。原始性特点是档案区别于图书和一般资料的分界线。高校从各项工作参考需求出发,所收集起来的一切公开或内部交流的书报、期刊、简报、汇编、图纸、图表、照片、影片、唱片、录音带等资料,除本校的出版物档案外,一般都属第二次或第三次文献,不具备原始记录的特点,不能起凭证作用,因而也就不属档案的范畴,只能做资料处理。

第五,信息性。高校档案具有信息属性,是社会信息系统中的一个组成部分。高校档案信息的特点是用文字、图表、声像等特定的信息符号和一定的方式将各种信息记录在一定的载体上,使高校进行招生、教学、科研、管理等活动的历史面貌得以保留,得以再现。随着高等教育事业的不断发展,高校档案信息量与日俱增,档案信息资源越来越丰富。因此,创造各种条件,充分开发和利用高校档案信息资源就成为高校档案机构的一项重要任务。

第六,延伸性。随着高校招生、教学、科研和管理工作的不断发展,高校档案的数量也就年复一年不断增加、不断延伸。根据高校档案的延伸性特点,高校档案机构必须按照有关规定,通过严格区分档案的保管价值,及时组织鉴定和销毁超过保管期限的档案,重点保护好需要永久和长期保管的档案。

第七,机要性。高校部分档案内容,在一定的历史期限内具有机要性。需要利用涉密档案时,必须经学校保密部门批准。

(三) 高校档案的重要作用

高校档案在高校招生、教学、科研、管理、编史修志以及为社会提供利用等各个方面都起着重要作用。

第一,在高校招生和向社会输送人才方面的作用。在进行招生工作时,除了必须查阅利用本校历年招生工作档案作为依据和参考外,还需要通过对招收对象即学生个人档案的查阅利用,全面了解学生情况,以决定取舍。

第二,在教学工作中的作用。高校教学质量是决定人才培养质量的关键环节。高校教学质量的保证和提高,离不开教学实践、教学研究和教学管理。在教学实践、教学研究和教学管理等工作中,一般都要通过对以往教学档案的利用,不断总结提高,才能为保证教学质量创造条件。同时,教学档案也是学校和教育系统进行教学评估的重要依据。

第三,在科研工作中的作用。从立项审批到每项科研课题结题,一般都要充分利用相关的档案作为依据或参考。尤其是在以往科研中形成的相关课题档案更是新辟课题利用的重点。同时从科学技术交流的角度看,高校科研档案不仅只供本校师生使用,已公布的档案也供社会各界科研人员利用。简言之，高校科研档案是开展新课题研究的依据，不仅在校内科研中发挥作用，同时也对校际乃至国际科学技术领域的开拓创新发挥作用。

第四，在学校基本建设中的作用。高校各项建筑工程的兴建、扩建和改建以及工程维护管理，需要以高校档案为基础。有了完整、准确、系统的基建档案，才能保证高校内各种建筑物兴建、扩建、改建以及工程维护管理的顺利进行。

第五，在维护仪器设备和产品生产中的作用。高校购进的精密、贵重、稀缺仪器设备在使用和维护中必须利用设备档案；在进行产学研（即生产、教学、科研三结合）的过程中，一般都要利用产品样品或样品照片和录像等档案材料，否则产学研就难以进行。

第六，在学校管理工作中的作用。高校在党群、行政、学生、教学、科研、基本建设、设备设施、产品生产、外事、出版、财会等各项管理工作中，不论是制定和执行哪方面的规章制度，还是印证和处理何种历史问题或现实问题，都必须以史为鉴，以历史记录为凭。因此，利用学校各类档案就成了不可或缺的要求。学校档案尤其是管理方面的档案，在学校各项管理工作中起着举足轻重的作用。

第七，在编史修志工作中的作用。定期、适时编写大事记、组织沿革、人物传记和校史校志等编史修志工作，是高校的一项重要任务。为了保证编史修志工作的顺利进行，必须充分利用和依据高校各类档案及相关参考资料。

综上所述，高校档案的作用主要体现在两个方面：一是凭证作用，二是参考作用。所谓凭证作用，或叫证据作用，它是档案的第一价值。从法律的角度看，档案被视为一种重要证据，具有法律效用。所谓参考作用，是指档案的情报性价值，也称第二价值。高校教职人员在从事招生、教学、科研和管理等活动时，常常需要利用档案中记载的内容作为参考，也就是发挥档案信息的参考作用。

二、高校档案管理人员与组织机构

"高校档案是高校进步的真实记载，是高校发展的基石，也是高校文化精神的延续，还是高校的精神和物质财富，是不可再生的。[1]"高校档案管理工作由校长直接领导，分管副校长协助。校长的主要职责：一是作为高校法定代表人的校长要贯彻执行有关档案管理的法律法规和方针政策，切实维护档案法律法规的权威性；二是校长对学校各项工作要统筹兼顾，促进档案工作又快又好发展；三是校长要为档案工作持续发展提供物质条件和保障，这些条件和保障只能加强，不能削弱；四是授予校长领导档案工作的举措和权力，

---

[1] 罗琼. 高校档案规范化管理探析 [M]. 延吉：延边大学出版社，2019：5.

这些职责一经纳入高等学校校长的管理职责，就成为高等学校校长应尽的义务，并应承担相应的法律责任。

（一）高校档案管理人员的要求

由于高校是为国家培养栋梁、为社会培养人才的地方，高校档案工作除具有一般档案工作的特性外，还具有自己的一些特别要求，树立良好的职业道德，是高校档案工作人员适应新时代科技、教育、经济发展需要的必然选择，高校档案工作人员职业道德的内容包括：

第一，认真履职。高校档案工作人员要充分认识档案工作这一职业在学校教学、科研工作乃至对整个社会发展中的地位、作用及重要意义，本着对学校负责、对学生负责、对社会负责的精神，热爱档案工作，具有严谨的工作作风、高度的责任感和敬业精神，忠实地履行自己的职责及义务。

第二，保护历史资料。现代社会充满诱惑，一些个人或集团出于利益，有时会作出不合事实的陈述，而还原其本来面目的最省力资料就是档案。档案人员必须担当起保护历史资料的重任，珍惜档案，尊重历史，求准求实，保持档案资料的完整齐全。

第三，保守秘密。档案工作具有政治性的特征，学校档案也同样如此。档案工作人员在档案的利用过程中，必须严格遵守国家有关保密工作的法律法规，确保档案在政治上的安全。在高校档案管理由传统的封闭或半封闭型转向社会开放的过程中，强调档案的政治性尤为重要。

第四，提供优质服务。高校档案中的学生档案、科研档案及教学档案在校内和社会上查询需求量都比较大，按照规定提供优质服务，是档案工作作用的最终体现。

（二）高校档案管理的组织机构

高校档案工作由校长直接领导后，高校档案机构长期以来不被重视的现象有望得以解决，高校档案工作在管理上进入了一个新的阶段。

1. 高校档案机构的主要特性

高校档案机构的性质由其职能决定，有以下特性：

（1）综合性。档案部门的工作涉及学校的各个层面，档案内容既包含领导指令，也有后勤服务，更多的是学校教育教学各项工作中产生的文件材料，是学校文化、办学成果、科学技术的最综合的反映。

（2）服务性。学校档案作为国家档案的一部分，直接为学校的教育教学各项工作服务。档案部门在学校的行政管理工作中，不仅为领导和管理工作服务，也为教学和科研服务；既面向教师，也面向学生，不仅要做好档案的管理工作，还要提供信息咨询等服务。所以，服务性是学校档案工作的本质特征。

（3）管理性。档案工作是以科学的手段和方法对具有查考利用价值的文件资料及其他载体的物质有序利用的过程，是学校管理工作的重要内容之一。

（4）机要性。一方面档案本身是具有机密的内容，甚至涉及国家安全；另一方面，档案是办学过程中长期积累的文化产物，档案的重要性涉及学校的历史和发展。

2. 高校档案机构设置的原则

学校档案机构建立在所有制基础上。从以往的办学情况来看，一般学校都是以职能科层划分的原则来设置机构——以学校内部的主要职能分工或"权力结构"来确定管理体制。高校内或以学术权力为主，或以行政权力为重。档案工作要接受来自行政和专业两方面的制约，因此，学校内部组织机构的管理权限确定了档案机构职能的划分。

档案工作机构是组织保证。总体来看，学校档案机构的确定在一定程度上取决于学校档案工作状况：一是对档案管理工作的要求如何；二是库藏数量多少；三是领导重视程度。为了保证档案工作的正常开展，学校档案部门的设置应与学校的规模、档案工作的任务相适应。学校档案部门或相关的档案人员应当负责保管本校的档案，并对所属机构的档案工作实行监督和指导。设置学校档案工作机构应遵循以下原则：

（1）坚持统一管理。实行档案综合管理，主要包括以下内容：一是集中统一管理全校各种门类的档案；二是实行档案工作统一领导；三是人、财、物资源的统一计划和使用。

（2）适应工作需要。学校的机构设置是为教学行政管理服务的，管理就要追求最佳效益。学校档案工作既要讲求社会效益，也要争取经济效益。要不断优化馆（室）藏档案结构，实现精简效能的目标。

（3）队伍专兼结合。学校档案涉及面广，档案数量多，要做好相关的管理工作，必须通过管理机构，重要的是建立起学校档案管理网络，便于形成灵活有效的学校档案收集、归档、管理机制，为实现档案的归档率和完整率奠定基础。

（4）提高服务能力。对于学校而言，学校档案工作机构既是综合性管理部门，也是提供服务的办事机构，不仅为领导和管理工作服务，也面向全体师生、社会服务。因此，学校档案工作机构必须具有较强的服务意识，并且通过主动做好分内的工作，为教学提供优质满意的服务。

（5）维护档案安全。学校档案部门履行综合管理的职能，它的核心是集中统一保管学校的全部档案，维护档案资料的安全，最终是为了达到更好地提供利用服务的目的。

3. 高校实行的档案工作机构

管理档案的活动是随着学校的发展开展起来的。成立相应的档案管理机构是做好学校档案管理工作的保障。档案机构的任务是把在学校各项工作中产生的具有利用价值的档案保存好，用于学校的建设和发展。过去，由于人们对档案工作认识不足，学校一般没有专门的档案机构。档案工作只是某些部门的附属工作，甚至现在很多学校也是这样。但是，对高校全部档案实行综合管理，是发展高校档案工作的必要手段。目前，大中专院校一般都应设置专门的档案工作机构。学校的类型多种多样，规模也各有不同。由于办学层次、人才培养目标上存在一定的差异，学校档案的内容、数量多少也不同，因此，档案机构的设置也应根据实际情况确定。对于一些办学规模较小的学校或者中等以下层次的学校等，则可以根据学校的实际，设置相应的档案工作岗位。

学校档案工作机构是根据学校规模和实际需要来确定的。我国的学校档案工作部门根据其承担的任务和所处的领导层次不同，分别称为档案馆或档案室等。高校档案机构包括档案馆和综合档案室。我国学校内部档案机构从其主体来看，主要有档案馆、综合档案室和档案室三种类型。名称为学校名加综合档案室组成。高校目前一般多实行以下几种档案工作机构：

（1）档案馆。独立设置学校档案工作机构，行使档案综合管理职权。按系（处）级设置和建立，直属院（校）长领导。作为学校档案管理的最高级形式，档案馆既是学校档案工作的职能管理部门，又是永久保存和提供利用本校档案的科学文化事业机构。档案馆一般是设置在办学历史长、档案工作基础条件好的高等学校。档案保管量大的高等学校，有的可成立分馆、分室。

（2）综合档案室。综合档案室是机关建立的综合性档案管理机构，它统一管理本机关形成的各种普通档案、专门档案和特殊载体档案。因此，未设立档案馆的高等学校应当设立综合档案室。学校综合档案室是集中统一管理学校档案的机构。综合档案室隶属于学校院（校）长办公室或党政办公室，通常为科级建制，由学校办公室主任兼任综合档案室主任或独立聘任综合档案室主任（兼办公室副主任）。综合档案室对学校在办学活动中形成的各种档案实行统一管理。事实上，由于人事制度历史的原因，绝大多数学校对人事档案并没有纳入统一管理的范畴。今后，随着学校档案集中管理的原则的不断完善，学校综合档案室将在人、财、物投入与信息开发利用上进一步发挥作用。

（3）信息管理中心。信息管理中心是将学校各部、处、系、直属单位的档案、统计、情报资料管理工作一体化管理的部门。因为档案、统计、情报这三项工作是互相联系的关系，把这三项工作的人员统筹起来，实现一体化管理，可以实现减少编制、设备共享、互相利用、互相补充、互相促进、便于利用的作用，有助于增强学校信息管理系统功能，提高档案的社会效益、经济效益，从而提高档案工作的地位。对学生规模在三千人以下的学校，在信息中心内设档案室，主要利用现代信息技术和科学的管理方法，对教育信息和与教育相关的信息进行采集、处理、储存和传播，成为学校的数据库、信息库和领导管理的参谋部。

综上所述，以上几种类型的档案机构均属于学校的内部组织机构。

过去，学校一般是在校长办公室下设档案室，主要管理文书档案。随着学校档案工作领导体制的转变，高等学校档案室开始向综合性的方向发展，各校纷纷将文书档案室、人事档案室、科技档案室合并，以综合档案室的形式对学校档案实行统一管理。部分规模较小、档案库存数量少或受编制限制的学校，根据学校工作需要，大多设档案工作机构，并配档案人员，隶属于院办公室或其他职能部门。隶属于学校办公室的档案机构，有的是统由办公室主任兼综合档案主任，或由办公室副主任负责。有的暂在隶属校（院）办的档案科、室设专职工作，达到精简高效的目的。不管各学校采取哪种机构建制，其档案工作职能都是学校工作的组成部分，是为适应学校工作的需要服务的。

三、高校档案管理的模式

高校档案管理按照组织形式可分为集中式和分散式两种管理模式。

（一）集中式管理

各级档案工作机构的设置是二至三层，有的是以档案室命名的基层档案部门，统辖于处、系（部）、科或室之下，只负责本部门的资料、档案等工作。集中式管理是将分散在不同组织、机构的档案工作统一起来进行管理。集中式管理是我国档案机构的一种组织原则，它是由我国的国家结构形式决定的。以行业划分的管理机构体系，如教育系统是从国务院教育行政部门到省、自治区、直辖市人民政府教育行政部门，形成了垂直的管理结构。按照集中统一的原则建设全国高校档案机构将有利于制定统一的发展规划和规章条例，使用统一规格的设备，在业务标准上统一规范管理等。集中式的学校综合档案室下面不再分设档案部门，综合档案室归口学校办公室或秘书科管理。这适合于学校规模以及档案工作量较小的学校，大多数普通中等专业学校、一般高等专科学校都采用集中式。

（二）分散式管理

分散式管理是只对本部门范围档案负责的档案工作形式。在分散管理的情况下，往往是以相关专业档案产生的工作部门来确定管理关系，分别实施管理责任。例如，学生工作处或教务处所属的学生档案室等。由于高校工作有着自身的特殊性，分室保管需要特殊条件保管或者利用频繁且具有一定独立性的档案，可以根据实际需要设立分室单独保管。分室是高校档案机构的分支机构。学校的分校区、二级学院或学校所属的其他独立单位都是高校内部的一个单位，这些单位在各项实践活动中也会形成许多具有保存价值的材料。可视为需要采取将业务性强、隶属单位常用的档案分室保管的形式，但在业务管理上仍隶属于学校档案机构。分室保管的全部档案与学校的档案是一个全宗。

目前，我国中等以上学校普遍没有档案室，一些办学规模较小的学校还没有档案机构，只设档案工作岗位。对大多数学校而言，档案工作隶属于学校的综合档案室，而综合档案室归属在学校党政办公室等机构内。也有一些大学的档案馆是独立存在的。但不论以何种形式存在，档案工作要接受来自行政和专业两方面的制约，因此，学校内部组织机构的管理权限确定了档案机构职能的划分。规模大的院校实现校、学院或校、系两级管理。

一般地说，高校设置档案机构包括档案馆和综合档案室两类，具备以下条件之一的高等学校应当设立档案馆：一是建校历史在50年以上；二是全日制在校生规模在1万人以上；三是已集中保管的档案、资料在3万卷（长度300延长米）以上。高校档案馆内部机构可设综合办公室、档案收集整理科、档案信息资源开发科、校史编写科、专门档案管理科、业务指导科等。未设档案馆的高等学校应当设立综合档案室，综合档案室内部机构可设综合办公室、档案收集整理室、档案信息资源开发室等。有条件的高校档案机构，可以申请创设爱国主义教育基地。

四、高校档案管理工作的开展

学校档案管理工作是一项系统工程，专门的档案工作机构提高了档案工作在学校的地位，但是，有了档案机构还不能保证做好高校档案管理工作。同样是档案管理，高校的档案管理与普通档案馆的工作却有着很大的不同。从前面谈到的学校档案收集和整理的范围而言，要搞好学校档案工作，必须运用科学的管理手段和方法，在集中统一管理的基础上，努力做到制度化、规范化、现代化、实现有效管理。结合学校实际，要做好以下工作：

（一）建立健全管理制度

学校档案管理工作当然要依法办事、依章办事，除了国家、行业层面的法规，校本档案管理规章制度是档案人员和广大师生员工共同遵守的管理措施和行为准则，也是有效调整学校档案管理的相关关系，处理档案工作中的基本问题的原则性依据。学校档案工作除了加强宣传外，机构建立后，就要加强档案工作的规章制度建设。要依靠制度对全校的档案进行管理，因为，没有一定规范化的制度要求，集中统一管理就难以落实，提供利用服务就更无从谈起，制定出适应学校特点的规章制度，使档案工作有章可循、有据可依、责任明确，是档案工作正常开展的保证。特别是在档案工作的初创阶段，建立必要的制度，形成制度化的管理，可以使档案工作在制度的轨道上运行。

（二）遵循学校档案管理法规

在开展学校档案工作时不仅需要遵循国家规定的相关法规，还需要结合本校的实际情况制定出本校的具体的实施细则、办法。为便于学校管理，要制定综合性的学校档案管理办法，其中应当明确本校的档案机构和工作职责，确定档案管理运行机制、归档规定和相关要求，根据本校的规模和馆藏档案量来决定综合档案室的级别，档案工作人员的编制人数等。学校的档案管理办法应作为统一、规范管理学校档案工作的总纲，统领学校档案工作。

（三）部门（文书）立卷归档制度

按照档案统一管理的要求，建立文书处理部门立卷制度对于规范文书处理，促进档案工作的科学化、规范化管理都有着重要的意义。文书立卷归档制度主要包括以下内容：①明确归档整理责任。学校档案的来源广泛，要做到疏而不漏，就需要层层明确归档职责。对校内各部门立卷提出要求，把文秘人员或兼职档案员所承担的相应责任落实到位。②档案归档范围。包括主要门类和载体的档案归档办法及要求。③确定分类方法。在对全校档案整体把握的情况下，制定适当的分类方案。分类方案应根据学校规模，档案的构成情况考虑，一旦确定，不要经常更改，应在一段时期或较长期内保持稳定，以利于归档和利用。④统一归档要求。归档要求包括"时间要求、归档材料的质量要求、格式要求"等。其中基本要求归档文件材料应齐全完整。已破损的文件材料应予以修复，字迹模糊或易退变的文件材料应予复制。归档文件材料形成时所使用的书写材料、纸张、装订材料等应符合档案长期保护的要求。具体应对格式、笔记、纸张做详细要求。

在实际工作中，由于学校的办学规模不同，机构设置、档案工作基础、文书处理等方面都存在着巨大的差别，有关人员的业务素质参差不齐，在具体实施时，应根据具体情况和实际特点，具体问题具体解决，坚持在方针指导下灵活处理。

（四）建立课题组立卷的归档制度

课题组立卷，根据"四同步"管理的规定，即在布置、检查、总结、验收各项工作的同时，检查、总结、验收档案工作，目的是使每项重要的教学、科研、党政管理等工作，在工作开始至结束的工程中都能有系统、完整准确的文件材料归档。简而言之，就是要建立更周密的档案材料形成单位、课题组立卷的归档制度。

通常情况下，关于文件材料的归档、移交和接收工作，其他人都不会比当事者对其在项目工作或者研究活动中形成的档案材料更透彻，尤其是项目方案论证、试验记录及实验报告、材料成分配方及设计图纸、图片等科研过程材料，一直是收集的重点难点。因此，对于科研工作而言，不论是基础理论研究、技术研究还是应用研究课题，都将形成有价值的原始科技材料。建立单位、课题组立卷归档制度，就是要强化学习各部门、课题组按照归档要求，把在科研活动中形成的来源性、成果性及科研过程的档案材料及时、完整地收集起来，并整理立卷归档的责任。学校的科研项目、重点建设项目是学校教育成果、发展的真实记录，各项目的档案资料也是一项重要的信息资源。根据相关规定，对这些项目的档案归档工作要有实行项目责任制。明确程序，规范职责。

1. 保密制度

档案人员日常工作中会接触到许多涉密的文件资料，像机要文件、考试考卷、学校的基础数据、科研、专利成果等。保守秘密是对档案工作人员的职业道德要求之一，档案人员要严格遵守国家保密法规，在任何时候、任何情况下，不但要严守党和国家的秘密，也决不能见利忘义泄露或出卖学校内部的相关情报；对领导尚未决定的涉及群众利益的事情，或者个人的隐私等内容也有保密的义务。保密制度应包括档案的保密、保护措施和对档案人员的相应要求。

2. 档案保管、保卫制度

档案保管、保卫制度包括库房的管理规范、管理原则。档案库房要求"十防"到位（防高温、防潮湿、防火、防盗、防霉、防虫、防鼠、防尘、防有害气体、防震）。日常管理应严格执行和落实防火、防盗、防潮、防溃、防有害生物等有效保护措施。档案库房管理制度中还应明确管理人员的责任，对接收、移出、借阅和销毁档案资料的审批、交接手续均加以要求，切实维护档案的完整与安全。

3. 档案利用制度

档案利用制度包含开放档案与开放档案的利用两方面，包括利用手续、方式、要求、批准权限和管理办法，开放与控制使用的具体范围和开放档案的管理办法等。

（五）统一档案工作规范

档案工作是一项专业性的工作，技术性强，而且又面临许多变量。面对复杂的问题，需要细致的工作。档案工作的专业性使其可以进行标准化流程化的作业，因此，统一工作规范有利于提高学校档案工作水平。需要全校规范的项目包括：①按照有关的档案工作标准，结合本校档案的具体情况，明确学校范围内各类文件材料收集归档的范围，规范归档途径和管理方法。②制定本校的档案分类方案，对全校的档案进行科学分类。③统一学校全部的档案的目录号。④确定档案的排架方式，做到排列条理，查找方便。

学校档案工作的科学管理，目的在于充分发挥档案的作用，发挥档案资源和信息的效益，为学校的教学、管理和科研服务。因此，学校档案管理工作必须遵循档案工作的规律，运用科学的理论和方法，通过扎扎实实进行业务基础建设，实现和提高学校档案工作标准化、规范化、现代化程度，合理地管理和开发利用档案资源，满足学校各项工作的需要。

（六）理顺管理关系

由于我国档案职能划分上的复杂性，目前教育系统档案业务工作相对较弱，因此，这方面的工作现在主要是靠高校的档案工作来协调。学校档案工作处于一个交叉的关系中，有学校的领导、教育部门的领导，还有所在地档案业务部门的领导，甚至还有行业的领导。在这种情况下，要做好工作，必须注意协调好各方面的关系。

一是与上级的关系：学校与上级领导部门之间的管理问题，除了继续加强与国家教育部门和省、市档案局的领导之外，还应加强各省、市教育主管部门对各校档案工作的领导。

二是内部管理关系：设立了档案馆（室）的，学校档案馆内的档案工作的管理体制，根据学校具体情况而定。一般而言，按照职能设立比较恰当，有利于管理，健全岗位责任制，提高工作效率和管理水平，有利于档案管理的现代化，并能很好发挥馆（室）一级机构的作用。

三是业务管理关系：作为学校档案部门与各系、部等单位的管理体制，如果能做到把全校所有档案都集中起来保管更好，现在比较通行的做法是学校档案馆（室）主要接受保管需"永久""长期"保存的档案；一般"短期"保存的，如职能部门形成的需要经常使用的，或事务性记录、工作表等类档案，放在各单位保管可以方便工作查考。

四是行政管理关系：要加强和充分发挥学校档案馆的行政管理职能和执法监督作用。根据我国的实际情况，现行学校档案馆（室）多采取双重的管理体制。一方面是在学校党委和行政领导下，统筹全校档案工作，贯彻落实国家有关档案工作的法令政策；另一方面，还要对全校档案工作进行监督检查，提供咨询指导等。

第二节　高校设备档案管理体系构建

一、高校设备档案及管理工作的特点

（一）多单位协同

一台教学科研设备从厂家到校园，须经过设备使用单位的申请、国有资产管理部门的论证、招投标中心的招商以及安装调试，这中间涉及了高校的好几个部门，在针对设备的各环节各流程工作中，就要产生诸多的记录，这些记录就是围绕该设备而形成的档案。设备档案需要多方协同合作，才能做好设备档案管理工作。

（二）设备档案形成的周期长

在档案界，对文件生命周期理论研究、传播较为广泛，对于档案生命周期理论的研究则较少。其实，设备档案也是随着设备的几个阶段而不断变化的。一台设备在不同时期，它的价值也呈现不断减弱的态势，到最后失去功能，完成使命。因此，面对设备档案的长周期，需要档案管理部门和设备使用部门的工作人员进一步解放思想，提高自己的设备档案管理能力，做好设备档案的管理工作，做到收集全面、内容丰富，不遗漏、不缺项。

（三）设备档案的成套制明显

1993年，教育部制定出台的《高等学校档案实体分类法与高等学校档案工作规范》明确提出，设备档案必须以件、台为单位开展设备档案的建档工作，要以围绕设备管理形成的成套制开展建设工作。很多高校在设备档案管理中，也明确提出了以设备成套制开展收集归档工作。我们在调研中，访问了很多高校档案馆网站，有的高校也明确提出了设备档案要围绕设备开展收集归档工作。山西医科大学设备档案管理办法指出：作为学校固定资产的各种国产、进口的高、精、尖、稀的仪器设备说明书等文件材料，均须归档。若文件材料有一式两套，一套归档、一套随机使用。若仅有一套、使用部门又确需经常使用的，由使用单位复制一套，原件存档，复制件随机使用。从这些管理办法来看，设备档案的成套制要求明显。针对设备档案的成套性和专指性，我们可以借鉴人事档案管理一人一档的管理办法，一台设备一套档案，将设备在生命周期里形成的档案材料，进行成套归档，并遵循形成规律，确保全过程覆盖，保证设备档案完整、准确和系统化。

（四）设备档案管理工作量大

办学条件、资源占有一直是衡量高校办学水平的一项重要指标，目前高校发展快速，针对社会的人才需要，各高校开办了很多新专业，形成了新学科，随着专业学科的更新、学生规模的扩大，对设备的需求也逐年增强，特别是对实验室设备的需要更是越来越高，再加上设备种类的日益增加，各高校面临众多的设备，设备管理工作越来越繁重，其产生的设备档案也越来越多，面对如此繁重的工作任务，高校档案管理一定要加强与设备使用单位的联系，加强对设备使用人员的档案技能培训，为做好设备档案的收集整理工作奠定基础。

二、高校设备档案管理体系构建的原则

（一）规范管理

很多高校设备档案由设备所在单位使用者进行管理，管理方式陈旧，往往还是沿用传统的手工管理模式，设备使用者熟悉设备，但缺乏档案相关知识，不懂档案管理业务。而档案馆设备档案管理人员有档案方面的专业技能，但对设备不熟悉，对设备的运行、技术参数等更是不懂，因此，高校的设备档案一直存在很多问题，高校设备档案体系构建就应该采取二级管理模式，进一步明确各单位在设备档案管理中的职责和任务，从而进一步规范设备档案管理，提高设备管理工作的效率。

（二）集中管理与分散管理的处理

构建高校设备档案管理体系的首要原则就是要坚持规范管理。集中统一管理是高校档案管理的基本原则，但设备档案，有其自身的特点，设备在使用过程中，一些设备技术性能方面的随机档案、档案购置情况等材料都经常会使用，需要这类材料随机存放。针对这类问题，档案部门就要多思考，有的学校采用复印的方式，正本归档移交档案馆管理，复印件随机管理，方便利用。有的学校则是设备的随机档案由所在单位进行归档管理，其随

机档案目录移交档案馆，档案馆负责管理目录，在一定时期就目录开展档案检查，督查各单位做好设备档案的管理工作，确保设备档案的完整。这些措施和方法，都有一个前提原则，要处理好集中管理与分散管理的原则，实现设备档案的最大价值。

（三）有利于提高设备档案的利用价值

一个新的设备档案管理体系的构建，一定要在改革创新上发力，特别是要针对设备档案查找利用困难的问题，进一步提高设备档案的利用价值，方便利用为前提。档案管理的目的是进一步发挥好档案的价值，为此，高校设备档案的构建坚持利用第一的原则，整合设备档案资源，一台设备建立一套档案，实行设备档案的专套制，特别是对于一些引进的高、专、精设备档案，一定要整合档案资源，将配置论证的前期、采购、安装以及使用维护记录等档案管理整合为一套档案，形成全覆盖该设备的生命全周期档案，进一步方便利用，并在设备管理人员流动、变化时，通过这一全套设备档案，可以让后来者很快熟悉设备，提高了设备档案的利用价值。

三、高校设备档案管理体系构建的策略

（一）构建高校设备档案二级管理机制

首先，建立设备档案馆、设备使用单位二级管理模式能很好地解决设备档案管理中的薄弱环节，确保高校设备档案的有序开展。档案馆负责学校设备档案的总体管理，具有指导、考核、检查的职能，在设备使用单位成立设备档案分室，设备档案分室可以设置在设备所在学院的实验中心，负责本单位的设备档案管理工作。二级单位设备档案分室负责本单位设备档案的收集、整理以及利用，具有主体责任的行政负责人作为第一负责人，设备档案的收集、整理、立卷和归档工作由设备管理人员负责具体实施，设备档案的编目、录入、保管以及设备档案的利用等工作由设备档案分室负责。其案卷目录一式二份分别保存在仪器设备档案分室和档案馆。

其次，建立二级管理机制，档案馆可以切实履行指导、督促的责任，对规范设备档案管理，发挥设备的有效价值作出应有的探索和实践。针对一些设备使用单位档案管理人员不到位、管理条件不达标的，档案馆可开展代管业务，确保设备档案管好用好。在重大设备开箱验收时，档案馆档案人员要全程参加设备开箱验收，对随机的技术文本材料进行验收，并在安装验收后，及时整理、立卷、归档。对于完成历史任务，准备退役、报废、退出教学科研工作的设备的报废转让等工作，档案馆也要履行好管理责任，认真鉴定，妥善

处理。

最后，确保高校设备档案的二级管理机制正常运行，健全的规章制度是必要保障。要依据高校设备档案的特点和设备档案管理工作的特征，并结合所在学校设备档案管理工作的现实，制定制度规范，进一步指导设备档案收集、整理、利用等全过程的管理活动，并强化考核评价，对出现问题的单位和个人该追责的一定要追责，形成人人重视、人人参与设备档案的良好局面。

（二）构建高校设备档案的归档工作机制

1. 明确归档范围

构建设备档案归档机制，首先要明确本校设备档案的归档范围，即哪些要归档，哪些不归档，一定要有一个明确的规范。设备档案，是指该设备从到校后，包括采购、安装调试、使用维护以及转让报废等环节中形成的所有的记录，其载体有实物类、图纸类、文字类、电子类等多种类型。档案收集机制就是要确保围绕设备所产生的这些档案收集完整。

2. 注重档案鉴定

在设备档案归档工作中，还应强化鉴定，不能片面追求材料的完整性，而将一些没有利用价值的材料归入档案里，既浪费了时间，又浪费了有限的库房。在设备档案鉴定工作中，还应该围绕设备，根据设备档案的形成规律，注意各个环节，并保持设备档案的内在联系，做到各环节流程的闭合。既然一台设备具有从申请、采购、使用到报废一个设备生命周期，那么采购阶段的材料，如采购合同、采购申请、设备的技术指标就是收集的重点，在调试安装阶段的验收记录、固定资产入库清单，在设备使用阶段的维修、维护记录和事故记录等都是收集的重点，应确保收集的完整性。

3. 规范档案收集整理

在设备档案的归档中，收集是基础。在此基础上，还要科学地整理，使档案有序化，这样才能提供利用，发挥档案的功能。在设备档案的整理工作环节，一定要严格按照科技档案整理规范开展整理工作，严格把关设备档案的鉴定，将不符合技术要求的档案返工重做，要坚持设备档案的有机联系开展整理。另外，在整理中应坚持有利于利用的原则，将设备档案成套整理，特别是设备在论证阶段和后期的索赔阶段的材料成套整理，进行系统管理，将重要的档案排在前面，按其重要程度排列装盒入库，有利于今后的查找利用。

（三）构建高校设备档案信息网络工作机制

1. 科学建立设备档案数据库

设备管理，很多高校也运用了信息化管理平台，建立了设备数据库，让高校设备档案管理的利用迈上了一个新台阶。通过设备数据库，可以非常快捷地查找到设备的使用单位和使用人，能清楚知晓设备的购置时间和技术参数，为设备档案的利用奠定了基础。而设备档案管理平台应该与之整合，形成资源共享的局面。

2. 明确设备档案管理责任

在设备档案网络工作机制下，管理责任更加清晰。在设备安装调试阶段，就明确各单位的任务。可以根据设备金额的大小划分管理责任，超过 20 万的设备，随机文件移交档案馆，并录入信息系统。对在使用过程中形成的记录则由使用单位录入系统。在局域网系统里，实现本单位设备档案的共享共建。

3. 建立高校设备档案的信息网络工作机制

这是高校档案部门和资产管理部门共同的任务，需要运用现代化的管理手段开展设备档案的管理，这对传统的设备档案管理提出了新要求，按照一物一档的要求，将设备各信息细化，简化工作流程，提高工作质量，为高校的人才培养发挥设备档案应有的作用。

高校设备档案管理体系构建是一项大课题，需要各高校在实践工作中不断探索和努力，积累经验，构建具有本校特点和特色的设备档案管理体系，让二级管理机制落到实处，进一步明确各方面的责任和任务，全面加强高校设备档案管理的应用价值，提高设备档案管理工作的效率，从而更好地发挥高校设备档案二级管理机制的作用，让高校的设备资源进一步增产、增质、增效。

第三节　高校学生档案管理的实践思考

一、高校学生档案管理工作中存在的问题

根据当前高校学生档案管理工作经验，现总结梳理存在的问题汇总如下：

（一）学校对学生档案管理工作不够重视

有些学校在达到设立档案馆条件的情况下尚未成立档案馆，或设立了专门负责档案管

理的档案馆、综合档案室，但工作人员配备严重不足、档案室库房数量不足、场地空间狭小、缺少专业的档案管理人员、档案管理培训机会较少。

考虑到以上因素，相当一部分高校内部除沿用一直执行的部门立卷制外，仍维持学生档案由学院负责、教学类档案材料形成部门同时承担档案保存、开具相关证明的任务，以缓解档案馆或综合档案室工作压力，但各部门、各学院也同样面临档案管理人员不足且缺乏专业档案管理人员指导的困境，本就人员不足的机关部门工作量变得更为繁重。

学生档案中的各种材料形成后，由于涉及学生众多，档案管理人员严重不足，不能及时分装，学生在校期间伴随个别学院、专业的调整、合并与重组，再加上学院负责学生档案的管理人员流动性大、学生档案管理工作衔接不到位等因素，往往只在学生入学、毕业或上级检查等重要节点时，学院的学生工作部门才紧急召集班级干部、学生党支部书记或学生助理突击开展培训、学习档案材料的收集整理、分装工作。档案管理滞后无序、个别档案管理人员责任意识不强、学生助管责任心不足，这些问题易造成档案管理混乱、学生个人档案信息泄露、档案袋丢失或档案材料缺失、纸质材料破损、字迹模糊不清等问题。对大量学生档案进行统一集中归档，也容易造成档案材料的错装、漏装以及丢失现象，给学生就业政审、日常学生档案管理工作带来不便。

（二）学生档案管理机制体制有待健全

学校对档案管理不严格，学院各类档案共用一间档案室的现象突出。在部门立卷制的档案管理体系下，学籍档案材料形成部门学生工作部、招生办、学位办、培养办等机关与直接负责学生档案管理的学院存在职责权限划定不清晰、学籍档案中各材料的转接流程尚无明确管理模式，易出现各部门交接沟通不畅导致学生档案材料丢失的现象。

同时因为学生学籍档案材料种类繁多、来源部门广泛，在教学类档案材料由各部门分散管理的模式下，广大师生不清楚要补充的某种档案材料由哪些部门直接负责，只能通过咨询学院或联系档案馆得到获取相关档案材料的渠道。档案缺失后尽管各部门尽全力补齐相关材料，但很多高校尚无档案审核监督、整改、问责惩戒制度，最终档案材料缺失的后果主要还是由档案主体学生本人来承担，尽管无法确定档案材料丢失的原因和责任，但这些问题难免会给毕业生、用人单位留下高校档案管理不力的印象。

（三）学生诚信档案、心理及身体健康档案材料形成及收集困难

尽管学生档案未明确要求包含详细的诚信、心理、身体档案，但随着社会进步，为了紧跟时代快速发展的步伐，满足用人单位对人才的需求，根据中组部组通字〔2017〕25

号《关于完善干部人事档案材料的通知》，个人诚信材料的收集已是档案管理发展的必然要求。但由于人员配备不足，学校学生工作部门、心理健康咨询部门、校医院、体育教研室忙于日常基本工作，现有体系、组织模式等客观因素使学生诚信记录、心理、生理健康状况摸排工作覆盖面尚未涉及全校范围，且相关零散数据也很难形成书面材料反馈给学生所在学院的档案管理人员。这都使得学校要想针对每个在校学生实现点对点全覆盖囊括诚信、心理、生理健康全程跟踪式的档案材料，在数据信息形成、收集、整理、反馈等各环节都将面临重重困难，相关职能部门及工作人员显得有心无力、束手无策。学校在学生档案管理过程中没能真正把反映学生成长的轨迹与社会对人才的衡量指标及关注的侧重点结合起来，在学生就业求职中学校及学生无法向招聘单位提供相关诚信、心理、身体健康状况材料，不利于学校在就业单位中树立良好的档案管理形象，更不利于学生的顺利就业。

（四）人档分离现象严重

学生本人作为档案的主体责任人，对自己现阶段荣誉奖惩情况最为清楚，但由于学生本人不能直接接触档案，大部分学生尚未对档案形成足够重视，甚至不知道个人档案存在的学生也大有人在。

作为档案直接的责任主体，学生本人并没有对自身档案有足够的敬畏、监管、保护意识，并不清楚自己档案大致包含的材料内容，且没有形成系统的个人档案体系。本科新生入学时学生自带的中学档案出现丢失、拆解、涂改、伪造等乱象，"弃档""死档"现象仍然突出。

同时，教学类档案中一人一卷式存档的研究生培养计划、开题、中期考核、社会实践、学位论文答辩等材料、以班级为单位收集整理的本科生学籍册、研究生学籍卡等材料也因为学生不够重视、不配合，经常出现材料缺失、丢失现象。这些档案工作中出现的漏洞都将成为毕业生在档案转接、职称晋升、政审、办理各类社会保险等关键节点时潜在的隐患，一旦面临个人档案材料缺失，会给学校、工作单位尤其是毕业生的未来发展都带来一定困扰。

（五）学校保存学生档案电子信息化程度低

很多毕业生因各种原因需要向学校相关部门申请补齐材料，但由于目前大部分高校尚未真正实现电子化档案管理系统，只能委托他人或毕业生本人专门赶赴学校，线下申请相关档案补办业务。同时根据档案管理流程，查档还需要毕业生所在学院、档案馆签字盖章。线下申请查档、多级审批手续等流程无形中增加了毕业生补齐档案材料的时间、经济成本，且部分高校档案馆等部门尚未实现档案信息化检索功能，调阅相关学生档案也需要耗费大量时间和精力，增加了档案管理人员的工作量。

二、学生档案管理工作的思路及建议

为解决目前高校学生档案管理工作中存在的问题，结合工作实际提出以下解决思路及建议。

（一）制定并出台最新的教学类档案和学生类档案指导清单目录

在《高等学校档案实体分类法》的基础上结合学校自身实际情况，规范学院管理学生档案材料内容，为确保学生档案材料做到分类统一、层次分明提供坚实的文件依据和制度保障。同时学校应在网站上汇总发布教育部、国家档案局等上级部门目前执行生效的高校档案管理文件标准，以增强学校广大师生对档案管理规定的熟悉程度，为在校生、毕业生及用人单位补充"学生类"档案、教学类档案材料提供便利化、人性化指导和服务。

（二）加大对档案管理工作的支持力度

高校应增强全校广大师生档案理论学习、自主保护档案、重视档案价值的意识，营造良好的校园档案氛围。通过积极引进档案管理专业人才、邀请档案专家或兄弟院校档案专业人士组织开展档案业务座谈会、培训会、宣讲会等，同步提高档案管理工作人员数量和质量、培养学校档案管理人员及学生助管人员的专业素养、思想政治素养、责任心和职业道德情怀。通过引进互联网时代先进的数字化技术，着力打造一支专业素质过硬的复合型档案管理人才队伍。同时，在为新生邮寄录取通知书时加入提醒学生重视个人档案移交的通知材料，强调档案的严肃性、唯一性，确保档案移交过程中原始材料保持完整。通过建立学校档案部门公共邮箱回复师生邮件、开通微信公众号发布档案知识或学校档案新闻推送、设置档案网站在线客服功能实时解答师生问题等，提高广大教职员工尤其是全体在校生、毕业生校友们对档案专业知识的熟悉程度、对学校档案管理工作的了解，扩大学校档案管理工作影响力。针对在校生，高校还可以通过定期开展档案专题座谈会、组织档案主题班会、档案知识竞答活动的方式，或利用校园广播、宣传栏等多种渠道和途径，向学生强调档案对个人未来发展的重要性和意义，从而加强学生档案理论知识的学习、引导学生重视档案价值、提高学生档案保护意识，使档案管理工作由档案主体即学生的被动管理变为主动配合和主观努力，由档案管理人员的被动收集变为主动收集与动态收集。

高校应进一步加强公有房屋管理，规范公房资源的配置、使用，切实发挥公房资源使用效益，推进公房定额管理实施，针对私占闲置公房现象进行严格清查、不定期排查，最大程度满足教学类档案、学生类档案所需要的档案室数量及库房面积。

(三) 建立健全学生档案管理体制机制

比如，建立档案收集与整理制度、毕业生档案传递与邮寄登记制度、档案安全与保密制度等。制定科学的学生档案管理工作办法、完善档案管理细则，明确学校各部门存储相关档案材料职责范围，重点规范机关单位向学院移交学生学籍档案的流程步骤，确保学生学籍档案流转程序化、规范化。出台学生档案管理审查、考核、奖惩制度，如要求档案管理人员包括学生助管人员在承担档案工作前签署档案保护、保密责任书；通过设置学生档案检查工作专项小组，对学生档案进行不定期检查，对发现的档案问题及时整改、督促，对不认真、不负责的管理人员及部门负责人采取谈话、问责、诫勉等惩处措施，规范学校档案管理工作方式方法，转变档案管理人员的工作态度；通过设置校级优秀档案管理工作者等荣誉称号，对基层学生档案管理人员进行表彰奖励，宣传他们的优秀事迹和先进做法，以加强全校教职员工尤其是档案管理相关人员对学生档案工作的重视度。

(四) 尽快建立学生档案信息采集系统数据库

高校应联合各学院、教务处、研究生院、学生工作部、校医院、心理健康咨询中心、体育部、网络信息中心等机关部门，联合开发采集学生在校期间产生的各类奖助贷等诚信信息、心理健康数据、体检体测等身体状况数据的电子信息系统，并专门成立机构对数据库的采集、整理、存储、分类进行维护，以减轻各部门的工作压力。同时，在毕业生就业面试时，可根据招聘单位需要，提供毕业生实时数据，以确保用人单位根据毕业生真实数据等情况作出客观公正的聘用选择。从而提高档案信息利用的实效性和可操作性，努力为社会提供最有效、最可信的功能效益，消除社会对大学生就业诚信的质疑，促进人才的开发利用和社会的和谐稳定。

(五) 尽快着力开发、建设电子化档案管理系统

在保证档案信息安全性的前提下，学校应充分借助大数据管理信息系统，整合各部门关于学生的教学类档案、学籍档案资源，在网站增设电子档案下载端口链接；将各部门分别管理的档案材料尤其是已出现褪色、破损、霉变或需要重点保护的纸质版档案材料转化为易存储的电子材料并上传至学校特定网站，这样既节省了学校存储空间，也确保档案资源免受物理损毁、化学腐蚀、人为破坏等。学校应在遵守国家有关标准的前提下，不断完

善学生电子档案材料服务功能，简化补齐、调取档案材料的流程手续，以方便毕业生、用人单位对学生档案的日常需求。

简而言之，学生档案作为毕业生走向社会、进入职场开展社会活动的一张隐形"明信片"，是个人人事档案的雏形和基础，事关毕业生前途和发展，对于毕业生个人、学校及用人单位甚至社会，价值不言自明，意义非凡，影响深远。做好学生档案工作是高校教育活动的重要组成部分，围绕立德树人根本任务和以学生为中心的教育理念，高校各级部门及广大师生均应予以重视，为高校档案事业的不断发展砥砺前行。

第四节 高校档案现代化管理的创新

一、高校档案馆网站的定位新思考及建设实践

现代信息技术与互联网技术发展日新月异，并已渗透到社会各个领域，大量信息的发布、获取以及转移储存，越来越多地要借助于网络这一大众媒介来实现，这也为档案工作发挥作用提供了新的舞台。

（一）高校档案馆网站建设的定位

建好高校档案馆网站，目标定位很重要。首先要根据高校馆藏档案资源的实际，了解和掌握哪些信息是学校内部需要并可以提供的，哪些信息是社会公众期望获得并可以公开的，哪些信息是富有学校建设发展特色的，并对整个社会具有一定的影响力。以此为依据，通过分类盘点和逐项梳理，将其发布到高校档案馆网站上去，为学校和全社会提供信息服务支撑。

1. 大学内部管理的需要

高校档案馆的职能主要是管理与服务。前者涉及如何做好档案工作法规制度宣传、档案工作业务规范指导、归档材料源头信息采集、整理和存储等，后者涉及如何面向档案馆以外的内部机构和社会公众，提供能够直接进行信息资源的访问和查获，以满足用户的各种需求。在整个高校档案工作中，有很多业务规范、操作要求，都可以借助档案馆网站来向机构内的相关人员进行传达和布置，以提高工作效率。另外，根据信息公开的有关规定，档案馆掌握大量的机构内部的工作管理规范等信息，也需要在一定范围内予以发布，方便学校各部门的查找和使用，增加高校办学的透明度和公正性。

2. 海内外校友的需要

一方面，大学为社会培养和输送了大批人才，使国家的建设和发展得到了有力保障；另一方面，绝大部分校友都与母校有特别的感情，始终会关注母校的建设和发展。如何主动做好校友的服务工作，校友办（联络处）固然重要，但从近年来的发展形势看，档案馆也与校友的需求有着千丝万缕的联系，如他们需要档案馆长期地为其出具学籍证明材料，提供校友间的相互联系信息等。档案馆一旦建立了网站，这些工作做起来就变得非常便捷。校友得到母校的帮助后，不但会感激母校和为社会多做贡献，更会以自己的力量来为母校出谋划策或提供各种支持和帮助。

3. 公众权益保护的需要

随着我国高等教育大众化进程的加快，高校中的各种信息资源也普遍受到社会公众的关注。高校档案馆网站也不例外，它早已不再局限于高校内部的工作管理需要，还承担着向社会发布一些应该发布的信息的义务，以满足信息化社会发展的需要。

现代大学管理体制机制需要档案馆建好网站，信息化社会、互联网时代更需要高校建立档案馆网站，一所颇具规模的大学没有档案馆网站，将会成为一大"诟病"。所以，建好高校档案网站可以说是"责无旁贷"。大学文化传播需要档案馆建立网站。高校档案资源中蕴含着大量丰富、翔实的史料文化底蕴，需要档案人员来发掘、整理和研究，然后通过档案馆网站将其发布出去，供师生员工和社会公众了解大学的发展历史，传承大学的优秀文化，推进社会文明进步。特别是大学里培养出来的名人、大师和著名校友，他们其实是整个社会的共同财富，他们的奋斗历程和为社会所作出的贡献，可以进行大力宣传，以鼓舞公众热爱学习，崇尚知识，追求积极向上、健康和谐的生活方式。

（二）高校档案馆网站的建设思路

高校档案馆网站可以通过以下几个层面的规划与设计，来实现信息量覆盖面广、查询利用率高、社会公众满意度好的目标。

1. 首页资源具有信息目录导航的功能

每个网站的首页是一个网站的门面，条理清晰的导航目录是必须的，使网站访问者能迅速抓住网站特色重点，找到需要的信息。档案馆网站首页还应体现档案厚重的历史元素，运用合理的仿古色调，彰显档案特色。同时，首页上应具有档案管理及档案工作实际方面的栏目元素，增加反映高校风貌及特征的标志性信息，如校门、重点代表性建筑、特色标志物等。

2. 建立后台信息发布管理平台

档案馆网站上的信息分类栏目很多，静态的有机构设置、法规制度、业务指导、利用指南、各类资料下载等；动态的有工作快讯、活动交流、会议通知等；专业的有科研项目进展、优秀论文发布、史料研究成果、学科建设讲堂、最新科研动态等学术与技术交流栏目等。后台信息发布管理平台，采用动态网页技术实现前台信息的展示，后台数据库管理信息的工作模式，可以灵活管理这些目录信息，并快捷地将信息呈现在受众面前。建立信息所属的后台目录数据库后，可完成信息的编辑、上传，前台以相对固定的栏目和版面，动态显示数据库中需要发布的各类信息。前台版面结构固定，内容随着数据库的更新自动轮换，提高了信息发布的效率和规范性，降低了信息维护的工作量。

3. 增加照片、视频等多种媒体展示方式

高校档案馆网站增加图片和视频等多媒体展示，可以极大地丰富网站历史特色，"有声有色"的信息，使人们获得更大容量、生动直观的所需资讯，同时也增加了网站的吸引力，以图片为主的内容，可以通过网上展览或虚拟展厅等形式，揭示馆藏图片资源，在展现高校历史、人物活动、校园风景等方面，起到了文字无法比拟的效果，使人们能够直观地感悟历史，增长知识。视频则具有完整地还原历史原貌的特性，增加了网站的信息量，也为档案编研、史料考证提供第一手资料。视频文件格式多、容量大，对网站的存储和传输带宽提出了较高要求。

4. 建立馆藏目录等信息的配套发布

基于"数字资源正逐渐成为档案信息传播的主要载体形式，这有利于打破传统档案信息传播环境下档案用户被动利用档案信息的状况"档案目录信息及编研信息发布功能的建立，既有利于信息被广泛使用，也提高了档案服务的主动性，但要确保安全保密的原则。

高校馆藏档案种类繁多，著录信息到数据库的工作量非常庞大，所以，引用档案数据库或嵌入档案系统的查询端口，实现档案信息的网站实时发布，可以避免信息的重复录入，为用户使用提供便捷的一站式服务。

档案史料编目信息，可以使松散的档案信息形成专题，内容更有条理、更为集中，档案馆网站增加档案编目信息的发布和查询，可满足用户对特定领域信息的整体需求，也能将档案文化在不受时空限制的领域广泛传播。

5. 建立"人—机"互动交流平台

互动交流平台的建立，能使档案馆网站提供个性化服务，实现与用户实时互动和征集档案史料的目的。档案馆的服务职能及史料征集，需要与服务对象及被征集者进行交流，

档案馆网站建立相应的交流平台，可以使这些工作突破地域限制，向更大范围的网络化方向拓展交流。互动平台的建立对技术要求较高，是网站的又一个独立子系统。

该系统应设置用户的统一认证、资料的上传或下载确认功能，并要有良好的用户界面，如公众问答、档案征集、业务论坛等，还应具备充分的安全保障，能屏蔽恶意、低俗、敏感的词语等功能。

(三) 高校档案馆网站的功能拓展与维护模式

根据高校档案馆目前的工作实际与运作现状，应该研究选择，采用合适的研发和维护模式，对档案馆网站建设的成功与否起到关键的作用。

1. 网站设计与建设需要多方协同配合

网站的建设离不开整体框架设计、各类模块的信息采集与管理、网站系统软件的编制、计算机服务器和终端等硬件系统的配置及日常维护和安全运行保障等工作。例如，网站的前台需要平面布局设计、多媒体动画与视频制作处理；网站后台需要程序开发、数据库应用；当然还有文字信息的撰写、编辑，流量检测、检索推广等工作，并且随着互联网Web2.0等新技术的高速发展，还需要不断地改进更新功能。高校档案网站的建设涉及档案学、管理学、现代计算机信息科学等综合领域，需要有各方面技术人才的协同配合来实现。

2. 高校档案馆网站建设需要经费保障

高校档案馆网站建设需要软件与硬件的更新保障，从财力和物力来说，也依赖高校机构组织的大力扶持和经费资助。网站是面向社会乃至全世界的信息服务平台，同时多人在线的概率较大，而网站浏览速度和网页稳定性是考量一个网站建设成败的关键因素。因此，需要不断地增加软、硬件方面的必要经费投入，改善软件运行环境，提高硬件设备性能，使系统运行更稳定，功能更强大。

3. 拓展建设和运营维护模式选择

根据以上分析，高校档案馆网站建设拟采用这样一种模式：网站在初始建站或全面升级时期，档案部门制订建站目标规划和功能需求，加大软、硬件方面的投入，同时利用高校人才资源或引进专业机构外包来协助完成，这样，网站在专业性、安全性、观赏性等方面都可以达到较高的水准，建站周期也可以大大缩短。而网站建成后的运营维护、信息发布，可以由高校档案馆的相关人员来承担，使网站的维护和完善变得灵活而便捷。这种常态性工作，需要一定的经费支持、强大的技术力量、完备的管理制度等，才可确保档案馆网站内容更新及时，运行安全可靠。

（四）高校档案馆网站的人才配备

做好档案馆网站的设计与建设工作，保持创新性与前瞻性，向国内一流水平的档案馆网站靠拢，需要引入具备复合型知识的人才队伍和档案管理专业人才的数量来作保证。

1. 引入具备多学科技术的人才

档案馆网站建设涉及多学科技术，离不开计算机信息技术、计算机网络技术、互联网技术、影视技术和多媒体技术以及现代档案管理技术等，许多技术属于高科技领域，是当今发展最快速且应用最广泛、渗透性最强的先进科学技术。所以，有条件的高校档案馆应适当引进这种具有多学科知识的高层次人才，来充实自己的队伍，满足工作发展需要。

2. 发挥档案学专业人才的作用

档案学专业人员熟悉档案管理和信息利用工作，具备档案馆网站建设需求分析的能力，能够提出相关网站建设的信息模块和采集内容。但是，档案学专业人员普遍存在只具备档案业务知识，而计算机领域知识相对不足的现象，这对档案工作的发展形成了瓶颈。对此，档案人员要树立终身学习的观念，不断提高自身的综合素质。同时，档案部门应采取在职培训等手段，加强培养内部人员的专业技能，使档案工作队伍整体结构能顺应时代的发展，推动高校档案事业朝着现代化管理的方向不断迈进。

二、微信在高校档案利用服务中的应用

微信是腾讯公司2011年1月推出的一种通过网络快速发送语音短信、视频、图片和文字，支持多人群聊的手机聊天软件。超强的功能以及超低的通信成本，使微信迅速成为当下年轻人交流沟通的新宠。

尽管一些国家综合档案馆陆续开通了公众微信平台，然而在高校档案提供利用服务的过程中，微信还没有得到很好的开发利用。现行的高校档案利用服务仍停留在传统的方式上，例如，档案利用服务观念落后，提供档案利用方式滞后等。重视服务是社会发展、档案利用者需求变化对高校档案利用工作提出新的要求。高校档案利用的服务宗旨、服务意识需抓紧抓牢，服务理念、服务机制、服务内容、服务手段却应因时而动，不断创新。因此，依托微信平台，创新服务途径，提升服务能力，是高校档案利用服务工作面临的时代契机。

（一）微信应用于高校档案利用服务的可行性

1. 强大的用户群体

微信作为时下最热门的社交信息平台，也是手机移动端的一大入口，通过网络或者数据流都可以进行使用，经济方便。高校档案利用服务的对象主要是学生、教师以及毕业的校友，这部分群体文化程度较高，他们对微信的使用程度也比较高。档案属于机密甚至是绝密的文件，经常会给别人一种神秘感，很多学生以及教师对档案馆一点也不了解。例如，在上海理工大学每年一度的"职能部门满意度评价"中，相当比例的选项是"不熟悉"。微信支持查找微信号、查看QQ好友添加好友、查看手机通信录、扫描二维码等七种方式进行"添加好友"，可以很好地解决高校老师、学生对档案馆"不熟悉"的问题。微信拥有如此庞大稳定的用户群，添加好友方便，如果高校档案馆开通微信功能，无疑是老师、学生等了解档案的绝佳机会。

2. 便于宣传高校档案及校史文化

高校档案蒙有一种神秘色彩，如何让学生、教师、校友们了解档案，真正走进档案，无疑需要更多地宣传。很多高校档案馆还兼有校史馆的功能，让学生、老师了解学校的校史文化，起到校史育人的作用，也是高校档案馆的重要职责之一。微信在此可以发挥巨大的作用。微信公众平台，是微信提供的功能之一，它可以帮助高校档案部门发布个性化、有趣的档案校史信息，并且可以用文字、音乐、图片、视频等形式传播，信息时效性比较长，关注账号者无论何时何地登录微信账号，都可以查看到相关信息。面对高校档案特定的利用群体，可以把相关档案法规、校史知识校友名人轶事进行编辑，以一种更新潮的方式让使用者接受。

3. 在线查询、方便利用

高校档案馆的利用服务与公共档案馆的最大不同之处在于其服务对象主要是学生、老师和毕业校友。现行高校档案利用服务主要包括为学生提供学籍查询、中英文成绩单查询及打印、毕业生档案去向查询、研究生答辩决议查询、专利及科研项目查询，教师对科研项目的查询，校内各部门对自身归档材料的查询，以及外界公司、公证部门对毕业生信息的核实工作。学生尤其是已毕业校友可以先通过档案馆开通的公众微信平台查看一些自己的基本信息，当档案馆提供利用时可以利用这些基本信息快速查到相关材料，以此节约时间，提高办事效率。

4. 在线咨询、实时互动

传统的高校档案提供利用服务时基本上都是处于被动的地位，利用者往往需要亲自到现场咨询才能解决问题，发邮件等也不能得到及时回应。微信可以改变这种传统的档案利用方式。档案利用者可借助微信平台随时随地向高校档案部门提出信息需求，而高校档案部门接收到用户咨询业务后，可及时进行确认及处理，最后借助移动通信平台向用户进行精准、生动的在线反馈。正是因为微信具有"即发即送，即送即达"的优势，高校档案部门可做到全天候的即时信息反馈。通过这种快速、生动的反馈，可大大改善档案利用服务反馈滞后的现象，在提高档案利用效率的同时，也改变了利用者认为利用档案困难的心理。

5. 经济实惠、成本低

对于高校档案部门这样的服务机构来说，投入大量资金开发功能更加齐全的服务平台几乎是不可能的事情，微信服务的低成本无疑是解决这个问题的不二选择。微信更新快，版本新，不需要高校档案部门额外增加很多的开发费用。微信可以使用手机流量或无线网络发送信息，现在高校几乎都实现网络全覆盖，所以通信费用则几乎可以忽略不计。

因此，高校档案馆作为高校的辅助机构，不再能产生任何经济效益，并且自身经费有限，所以利用微信向利用者传播信息、提供服务，可谓是最佳选择。

(二) 微信应用于高校档案利用服务的功能性

在当今网络化、信息化的时代，很多的商家都把自身的业务推向移动互联网，微信成为这种推广的一个极好的平台。根据网上调查显示，很多的高校档案馆都拥有自己的网站，但是浏览量非常有限，而且网站上都是简单的图片和文字显示，互动性极不明显。结合以上微信应用于高校档案利用服务的可行性分析，本文尝试构建了微信在高校档案使用服务的功能模式。

1. 使用服务

传统的档案查询和档案使用仍然是高校档案利用服务的主要工作。因此，这两点是公众微信平台必不可少的功能。这就需要实现与档案网站或数据库的对接，实现微信检索档案基本信息的功能。当用户通过档案微信公众平台进行档案查阅时，可以通过对接工作，直接向用户发送高校档案网站链接，提示用户转向网页浏览，从而获取相关信息资源或者通过访问高校档案馆的数据库查阅档案信息。这种方式不仅能够使档案使用者获得更为详细的档案信息资源，而且实现对高校档案网站资源的充分利用，督促高校档案馆及时更新网站信息资源，促进高校档案网站的建设。

公众微信平台设计是实现信息推送和提供服务的前提和基础。微信有两种方式的菜单定义，一种是编辑模式，一种是开发模式。在开发模式中，微信的功能得以开发和强化。开发模式可以根据客户对菜单进行自定义的设置，并通过高级接口上传图片、文字、视频等素材。在已开通的公众微信平台中，大多数平台设计采取了针对客户需求的开发模式。既然强调服务功能，高校档案馆也可采取针对客户需求的开发模式，进一步对微信平台的功能进行较为全面的开发，以更好地满足自身需求微信强调"微服务"，因此高校档案利用服务的公众微信平台可以进一步做到细致入微，例如，档案查询可以"查档须知""自主查档""预约查档"等几个子选项，这样基本上就可以满足利用者的各种需求。而档案文博和校史文化则必须通过微信的推送功能来实现。档案中有名的建筑、名人轶事被编辑成图片、文字、视频等，从而以一种学生、老师更容易接受的方式进行推送。高校档案部门可根据自身具体情况，选择推送时间和次数。这样一方面可以达到档案宣传的作用，另一方面也可以促进高校档案的编研工作。

2. 拓展服务

高校档案馆可以充分利用微信强大的功能，开展以往档案利用服务所不具有的功能服务：在线咨询、档案论坛、视频讲解、电子地图。用户进入微信平台界面，有了更多的选择，既可以浏览微网站获取资讯、观看微视频、在社交媒体发表评论等，又可以体验微信平台提供的个性化服务。

档案利用者可以利用微信的在线咨询功能，通过文字或语音等形式向档案馆咨询相关问题。微信公众平台对档案用户咨询问题的回复可以是自动回复，亦可以是人工回复。自动回复，即在微信界面中预设好一系列常见问题，当用户发送相关问题时，会自动发送相关档案信息。而人工回复则是高校档案管理人员收到用户具体询问或者档案未开放时，人工予以解答，高校档案馆可以做到12小时或24小时内进行回答，时效性强。

除了传统的文字信息，用户还可以用语音、表情的方式来与档案馆进行互动，表达各种意见、建议、投诉等，这样完全可以实现与档案使用者互动，对咨询者或高校档案工作者来说都大大增加了便利程度。微信群聊功能则可以更好地实现档案论坛的功能。很多学生在校几年也不知道学校的档案馆位置所在，尤其是毕业许多年的校友来查档案总是找不到档案馆所在地，那么微信可以实现与学校的电子地图对接，从而达到准确定位，迅速找到档案馆所在地。此外，高校档案馆还可以通过微信发布档案校史知识问答比赛，来增加学生对校史的了解。还可以发布一些档案征集公告，收集一些老校友有关学校的珍贵资料，丰富档案馆藏。

3. "扫一扫"

微信二维码是腾讯开发出的配合微信使用的添加好友和实现微信支付功能的一种新方

式，是含有特定内容格式的，只能被微信软件正确解读的二维码。"扫一扫"正是利用手机对微信二维码进行扫描的一种功能描述。二维码已经深深融入人们的日常生活中，在报纸、电视、网络中，随处可见。高校档案馆开通的微信也可以设计二维码，把二维码粘贴在学校的各个部门、学生活动中心、教学楼的有关位置；在新生开学时，可以在新生报到处粘贴二维码，使新生了解自己的学生档案情况，同时也对档案和校史知识进行宣传；在学生毕业离校时，可以把二维码贴在毕业生的宿舍楼内，让他们及时了解自己的档案去向；高校档案馆门口和大厅内也设置二维码，档案利用者先扫描二维码，查出自己保留在学校的一些基本信息，可以使档案工作者更方便、快捷地查出利用者的相关档案材料；二维码可以嵌入高校档案馆网站，从而更好地达到高校档案网站和手机微信功能的一体化。

此外，学生、老师以及其他档案使用者还可以通过扫描二维码查看档案馆的平面地图，平面地图上清晰地标出档案馆各个科室的布局，以及利用窗口、洗手间、安全通道等服务点的信息。

尽管微信作为目前的新生事物，尚具有一定的不稳定性，例如微信公众平台获取条件相对比较高，年龄较大的档案利用者对智能手机使用的局限性等，但是凭借高校档案馆对微信的合理利用，必然会给档案利用者带来全新的体验和感受。高校档案馆对微信的应用尚处于起步探索阶段，还有待深入和拓展。高校档案馆可以此为契机，推进高校档案利用服务的不断创新，进一步扩大高校档案馆的影响力，提升高校档案利用服务的能力。

三、智慧校园框架下的智慧档案馆建设

（一）智慧校园——高校信息化的新机遇

高校信息化始于 20 世纪 80 年代，经过多年的数字校园建设，高校信息化水平已经大大提升，教学、科研、财务、资产、档案等高校主要业务领域都完成了一系列信息化建设。近年来随着云计算、大数据、物联网、移动互联、社交网络等新型信息技术的快速提升和广泛应用，高校信息化已经进入了新的阶段——智慧校园时代。当前业界普遍接受的智慧校园定义来自清华大学的蒋东兴教授，即"智慧校园是高校信息化的高级形态，是对数字校园的进一步扩展与提升，它综合运用云计算、物联网、移动互联、大数据、智能感知、商业智能、知识管理、社交网络等新兴信息技术，全面感知校园物理环境，智能识别师生群体的学习、工作情景和个体的特征，将学校物理空间和数字空间有机衔接起来，为师生建立智能开放的教育教学环境和便利舒适的生活环境，改变师生与学校资源、环境的交互方式，实现以人为本的个性化创新服务"。相比于传统的数字校园，智慧校园有以下

主要特征。

1. 互联网络高速发展

数字校园的发轫正是源自校园网络建设，智慧校园比数字校园更加强调移动互联。智慧校园时代不仅关注人与人之间的连接，还关注人与物、物与物之间的连接，物联网技术的快速发展，为智慧校园提供了基础。

智慧校园对信息及时性的要求也大大提升，实时反馈、随时随地智能服务的能力，都要求互联网络高速发展。

2. 智能终端广泛应用

移动设备近年来得到了爆发式的增长，在校园内日益普及，已经具备了随时随地的计算、信息获取与感知能力，人与物之间的互动已经不再是遥不可及的幻想。各种智能感应技术，如重力、温度、红外、体态、压力、位置、光线等，已经得到了广泛应用，原来只能靠感性描述的校园环境和活动，已经可以在智能感应的基础上形成定量的数据描述，为智慧校园建设打下了坚实的基础。

3. 团队协作便利充分

智慧校园时代需要有意识的大规模协作，便利的团队协作包括统一通信、日程共享、团队协同等。统一通信为师生提供了统一集成、多渠道、多模式、多终端的通信服务；日程共享将各类资源、活动、信息按照时间的线索组织，提供个性的集成日程展示；团队协同提供交流与协作工具，师生们可以充分地共享知识、协同工作。

4. 集体知识共生共荣

在智慧校园的框架下，需要构建一个知识系统，使高校内的各种信息通过获取、创造、分享、整合、记录、存取、更新、创新，在这个知识系统中不断地循环和反馈，累积为集体知识、集体智慧，提升整个校园的智慧水平，实现集体知识共生共荣，推动高校的知识创新。

5. 业务应用智能整合

相较于传统的数字校园，智慧校园要从业务分割、相对封闭的信息化架构向开放、整合、协同的信息化架构发展，需要基于云计算、大数据等技术，实现海量数据的存储、计算与分析，并以此为基础，提升决策支持的能力。

6. 外部智慧融会贯通

高校在当今社会，特别是数字视角下的社会中，不是孤立的，越来越需要和外部世界融会贯通，需要外部世界的支持来推动学校的可持续创新进程。随着互联网的高速发展，"外部智慧"也得到了飞速提升，高校需要从外部智慧中发现技术进步发展的趋势、经济社会发展趋势，甚至是教育变革的发展趋势，并将之融入高校的发展规划，保证高校的可持续发展。

（二）智慧档案馆——高校档案馆发展的新形态

档案，不仅是人类智慧的沉淀，更是智慧启迪的引擎。上至国家的发展战略、城市管理模式，下至高校的发展规划，都离不开档案，特别是信息化快速发展的今天，档案的公共服务性和社会管理性就显得更加重要。

作为档案信息化建设的核心内容，在智慧城市、智慧校园等智慧生态快速发展的环境下，档案馆正在从当前重视馆藏档案资源数字化管理的思维，向档案馆全面信息化管理的智慧模式转变，智慧档案馆已逐渐代替传统的数字档案馆成为档案界最前端的理念。数字档案馆是将传统纸质档案数字化处理并保存，通过电脑、网络提供查询和利用，是一次档案信息脱离载体的解放；智慧档案馆作为档案馆发展的新形态，通过云计算、大数据、物联网等新技术实现对档案信息及载体的智慧管理，对档案利用者的智慧服务，从而构建档案馆管理与运行的新形态、新模式。这种转变不仅出自档案管理理论和实践本身的发展需求，更有来自社会变革、服务演进的深层次需求。数字档案馆和智慧档案馆的本质区别包括以下三个方面：

1. 硬件设施

传统高校档案馆馆舍和库房的建造一般采用安防、门禁等监控系统进行环境安全控制，出现事故后由人工进行事后检查和分析。在档案库房中，一般沿用传统加湿器、空调等温湿度控制手段，对库房进行环境控制。智慧档案馆可以采用物联网感知技术对档案馆馆舍内外环境进行全面改造，收集并整理各种实时信息，依托智慧校园集成的校园管理网络，将馆舍外的行人交通流量以及库房内的温湿度变化以数据的形式汇总并分析，以数据为依据建造最节能、环保和智能的智慧档案馆。

2. 软件服务

数字档案馆时期，高校档案馆致力于馆藏资源数字化以及新增归档文件的电子化，通过开发各种档案信息管理系统对档案资源进行安全管理和信息检索，并将这些电子化的档案信息提供给利用者。智慧档案馆在管理这些电子化档案信息的基础上，以智慧校园的云服务中心为主，档案馆的计算机网络设施为辅，将档案信息保存在云端，一则确保信息的安全备份；二则也能提供异地档案查阅服务。

3. 人员队伍

数字档案馆依托各档案管理系统，要求档案管理业务人员熟练掌握使用计算机和档案管理系统，具备较高业务素质。智慧档案馆对领导到行政管理人员、档案管理和IT服务人员提出全面的要求，重点加强IT服务部门人员的档案专业服务技能和档案管理人员的IT技术技能的培育和提升，以这支技术队伍来保障智慧档案馆优质、高效、便捷地运转。

（三）智慧校园中的智慧档案馆

相比于传统的数字校园，智慧校园更加强调物理校园与虚拟校园的融合，为了实现这种融合，智慧校园建立了以大数据为核心，以智能感知为媒介，以智慧应用为依托的智慧校园信息化支撑平台。

智慧档案馆的发展也离不开智慧校园的发展，在智慧校园框架下的智慧档案馆建设需要着重考虑以下问题：

1. 合理利用云计算、大数据等新兴信息技术工具

和传统的数字校园、数字档案馆相比，智慧校园、智慧档案馆是个更加开放、整合、协同的信息化架构，正需要云计算技术所提供的可动态配置资源、高可扩展性、按需服务的模式。和智慧校园架构中的其他组成部分相比，档案馆是信息的高度聚集地，传统的信息处理技术还不足以将这些信息的价值充分释放出来，云计算、大数据等新兴信息技术的飞速发展，正是这些信息价值得以展示的最佳时机。大数据技术最核心的机制在于对海量数据进行存储和分析，智慧校园需要智慧档案馆基于这些海量数据分析感知校园、展开智慧的应用，云计算和大数据已经向我们提供了强大的技术支持，如何对档案馆中的海量数据组织利用，正是智慧档案馆建设中的核心问题。与此同时，站在智慧校园的平台之上，如何利用云计算、大数据手段对馆藏档案资源进行智能化管理和分析，把庞大档案资源的最大价值体现出来，也是摆在我们档案人面前的首要课题。

2. 充分整合档案信息资源建设智慧档案馆

无论是智慧校园，还是智慧档案馆，都要求架构更加开放，业务系统更加灵活，以适应业务中的改变。现有的数字档案馆建设中，许多异构系统之间的数据仍然使用各自独立的数据模式、元数据模型，将相对独立的源数据集成在一起通常需要大量的工作。随着智慧校园的发展，信息建设的深入，不同应用之间的功能界限正在变得越来越模糊，随之带来的全校甚至全社会的信息整合正在变为可能。智慧档案馆将在智慧校园的框架之下，集

成全校教学、科研、行政等方面的完整信息，以数据无缝对接的方式合理共享这些信息，不仅将烦琐的档案征集工作变得简单便捷，而且提高了档案信息的完整性和准确性。这些档案信息进入档案馆数据库可以丰富和补充馆藏档案，并向用户提供最即时的档案信息服务。

3. 更多地体现人性化、精细化的智慧特征

智慧档案馆要求不断增加馆藏资源的深度和广度，持续性地提供越来越人性化的档案服务，增进档案管理的精细化程度，以体现更多的智慧特征。在档案征集过程中，要在已有工作模式积累的基础上，借助云计算和大数据手段获取档案资源，为智慧校园、智慧城市等智慧生态提供更加扎实的知识积累。在档案管理过程中，应当利用智慧档案馆提供的软硬件设施，对馆藏档案进行精细化管理，提高管理效率；在档案利用过程中，必须提高信息获取的便捷度，借助云技术手段使异地查阅变得安全和准确，大大降低利用者的阅档成本；在档案传播过程中，智慧档案馆将依托智慧校园框架，把档案以丰富多彩的方式呈现出来，通过分析用户兴趣需求来实现主动推送的可能。

总之，在信息化技术和服务理念日新月异的今天，档案信息化的步伐已经无法停滞。智慧校园的发展，不仅为智慧档案馆提供了机遇，也提出了很多挑战。智慧档案馆如何借助智慧校园所搭建的信息高地这一平台，将自身所潜藏的信息价值充分地发挥出来；智慧档案馆的发展如何更好地支撑智慧校园建设，"反哺"智慧校园的数据构建，这些问题不仅是高校档案馆方面的重要课题，也是高校信息化领域的热点。

第六章 医院档案管理与新技术应用

第一节 医院档案与医院管理概述

一、医院档案及其分类

（一）医院档案管理的内涵

医院档案是医院在日常工作中形成的公文、电报、传真、影像等各种载体档案，它是医院发展留下的珍贵财富，医院科学化决策和医院现代化建设离不开信息资源的科学有效管理，同时也是为国家积累门类齐全、结构合理的档案史料。为管理层和各项事业提供及时准确的信息是医院档案管理工作的目的，同时围绕临床、科研、教学、管理等方面的信息开展服务，建立系统的档案管理体系，强化档案管理的效率观、动态观和现代观，将档案管理工作密切结合医院整体发展，为职工、患者以及社会公众服务。

医院管理实现制度化、规范化、科学化发展的重要标志是实施了科学有效的现代档案管理。档案管理是提高医院基础管理水平的需要。档案管理工作的好坏，直接体现了医院基础管理水平的高低，与文明医院建设、医疗卫生事业发展息息相关。

（二）医院档案管理的分类

医院档案是指医院在党务、行政、医疗、统计等日常管理工作中形成的文字、图表、数字、病历、声像、光盘、磁盘、微机存储等真实历史记录。档案根据途径和利用方式的不同大致可分成以下四种：

第一，人事档案。主要指职工档案，包括职工的奖罚、考勤管理、职称管理、绩效管理等方面。由于干部人事档案真实记录了一个人的履历、水平和品德等，是医院组织人事工作不可缺少的重要参考。

第二，业务档案。业务档案是医院档案管理的重点，主要指病例档案、药械耗材档案、科研档案、财务统计档案、设备档案、医疗废弃物档案等。病历档案是医院档案管理不可或缺的重要部分，专业性和技术性强，是展现医院管理、医疗技术水平的关键依据。病历档案是广大人民群众疾病防治和身体健康的原始记录，其信息利用率高、实用性强，它需要档案管理者和医务人员在规定时间内完成收集、整理、组卷、登记、分类、编目、编码、排号、贮存以及档案的检索、利用等工作，全面系统分析医疗信息资料，及时准确提供给医院领导、医护人员和患者。科研档案主要指一线医护人员在医学的实践中通过不断总结，不断探索治疗手段的新思路和新办法，进而科研立项、实施以及科研成果推广的应用。

第三，行政管理档案。行政管理档案主要指上级主管部门或相关单位的行文及公函，以及本院在日常工作中形成的文件、规章制度、事项决策、通知、通告、医保政策、纠纷案卷、法律文书以及消防检查和社会化服务形成的材料等。

第四，党群档案。主要指上级和本院党组织、共青团工会等群众组织在日常党务工作、共青团工作、工会工作中形成的文件和影像材料。

二、医院档案在医院管理中的价值

在明确了医院档案在医院档案管理中的应用现状后，开展医院档案在医院档案管理中的价值探究，根据医院档案在医院档案管理中的特点，主要可以将其所存在的价值总结归纳为如下四点：

第一，实现医院财务档案和财务资料的有效整理。医院档案的有效建立，可以进一步实现相关档案的有效整理。医院的档案管理人员，通过完成医院档案的整理工作，可使医院的各类资料的日期和类别得到明确的标注，并且按照其内容的重要性进行进一步的分类存储。

第二，进一步明确医院档案管理的内容和范围。以医院档案中财务档案为例，其主要包括医院的总账、单项账、日记账以及医院的总体资产和其他不固定的财产。因此，医院档案的建立可以有效实现医院财务管理内容和范围的明确性提升。同时，医院的档案中还包括医院签署的各项合同，这些合同内容的明确，也可以为医院管理工作的良好开展提供巨大的推动力，并增强医院管理工作的开展的流程性和秩序性。

第三，方便医院内部人员的资料查看。医院档案的有效建立，可使医院的高层人员在进行医院整体的管理工作中，能够有效地查看医院的医疗用品的采购合同、工程合同、技术合同，以及各项医疗票据，进而有效地掌控医院的各种状况。医院的管理人员以及相关的档案管理人员对于医院信息及档案情况的认识更加明确，可以有效地保障医院管理水平与成效，与此同时，也提升了医院内部人员对资料查看查找的便捷性，从而凸显了档案在医院档案管理中的关键性价值。

第四，明确医院财务档案的管理期限。医院档案可以对于医院的年度财务情况进行整体的统计，进而使得医院的财务报告可以被按照其管理期限进行排列，有些财务报告重要性较高，其管理期限为永久性期限，而有些财务报告则可以按照其重要性划分为：五年管理期限、十年管理期限、十五年管理期限等等。医院会计档案在医院档案管理中的价值若得以充分发挥，则医院财务管理档案期限则可以体现出更加理想的明确性。开展医院档案在医院档案管理中的价值探究，主要可以将其价值总结归纳为：实现医院财务报告的内容的完整性和系统性的有效保障。

三、档案管理对医院文化建设的重要作用

（一）有助于增强医院文化软实力

医院档案在长期积累的过程中，积淀并传承着医院发展的理念与价值观，蕴藏着医院发展的灵魂和文化软实力。医院档案的内容十分丰富，是医院发展实践中最可靠的原始记录和权威凭证，从载体和内容两个方面最大限度地完成了记录历史、传承文化、传播文明和提升医院文化内涵与文化软实力的任务。从医院档案中挖掘出的医院文化软实力，是助推医院文化建设的核心，可为医院持续健康发展提供持久动力，从而形成饱含正能量的医院精神，不断提升医院的核心竞争力，使医院文化建设为医院发展创造价值。从医院发展的档案积淀中挖掘出医院文化的精髓，是提炼仁爱、包容、创新的医院精神的有效途径。通过医院文化建设形成的医院精神，可以用于谱写院歌、设计院徽、提炼院训，形成医院全体职工普遍认同的价值观和适应时代要求的服务理念，这正是医院档案体现医院文化建设的核心内容，是医院赖以生存和发展的精神支柱。

（二）有助于引领医院落实人文精神

人文精神是对人的个性、价值、地位、尊严的关注、爱护和尊重，其核心是对人的精神价值的重视与人性关怀，即以人为本的价值理念。医院文化建设的基础是坚持以人为本，即对职工施以人本管理、对患者施以人文关怀，而在医院档案中始终贯穿着以人为本的人文精神。一方面医院档案中保存着大量的准确信息、数据和人文资料，还有成功的管

理经验、优秀人物的先进事迹。医院管理者既要把职工当成医院最大资本、最好资源，又要紧密结合医院档案中的文化资源，用自己的知识、智慧和才艺，通过职工的知觉、动机、信念和期望等文化需求，影响职工的思想与行动，才能使职工愿景与医院目标相一致，从而产生医院文化的向心力、凝聚力和发展动力。另一方面，在医院档案中还贯穿着医学伦理与人文关怀思想，即医疗活动采取的合理与合乎道德的行为和决策，确保医疗目的和患者的权利，强调以患者为主体、满足患者需求、强化与患者合作，从而建立和完善渗透着医学人文精神的医疗文化与医疗制度，使仁爱、尊重、责任与公平的人文精神得到落实。

(三) 有助于强化医德医风建设

医德医风建设是要坚持患者利益至上、社会效益优先、落实医疗公平的原则，使医务人员在医疗服务工作中最大限度地满足患者康复的需要。医德医风建设反映出医院文化的价值观、道德观、文化环境和医院精神，是立足于以患者为中心、更新服务观念、提高服务质量、助推医院持续发展的精神动力。通过医德医风建设，使医学人道主义精神、以患者为中心的人文关怀理念深入医务人员心中，内化为医疗服务的理念落实在为患者服务的实践中，这也是医院文化建设生命力所在。医院档案保存着医疗法规制度、医疗标准、技术常规、操作规程等资料，医学病案（历）保管着众多患者最原始、最完整和最权威的病程记录、治疗过程与医疗结果，是重要的医学科技文献与科研档案，具有真实性、可靠性和系统性的特点，不仅是保护患者合法权益的凭证，也是进行医务人员医德医风教育的最佳内容。通过对病案（历）分析，查找医疗和管理过程中的缺陷，教育医院各类人员吸取经验教训，从而为提高医疗服务水平和医院管理水平打下良好基础。医院档案中蕴含着丰富的文化资源，充分利用医院档案强化医德医风建设，是医院文化建设的体现。

(四) 有助于提升医院思想政治工作实效性

思想政治工作的根本目的是教育人们树立正确的世界观、人生观和价值观。在生活实践中，世界观、人生观和价值观问题对每个人来说都是最根本的问题，决定了人们的理想和信念。医院思想政治工作要做到以科学的理论武装医务人员，以正确的舆论引导医务人员，以高尚的精神塑造医务人员，以优秀人物鼓舞医务人员。培养医务人员把全心全意为患者服务奉为自己的人生观，把患者利益置于个人利益之上的价值观，用正确的价值观分析利益取舍、辨别是非真伪，从而树立医务人员"白衣天使"的美好形象。医院档案中蕴含着丰富的人文、历史、科技等内容，是医院思想政治工作不可多得的文化资源和文化财富。在医院文化建设过程中，可以通过创建院史馆、荣誉展示室、编纂院史院志等方式，在做好院史资政工作的同时，详尽展示医院发展历程、优秀人才、丰硕成果，对医务人员进行医德史、行业史、院史教育，用身边的事和身边的人开展既生动活泼又丰富多彩的宣传教育、文化活动和思想政治工作。还可以利用档案开展科技成果展、名医专家风采展、优秀病历展、医德医风展，广泛开展核心价值观教育，提升医院思想政治与宣传工作的品位，以增强医院职工的自豪感、激发责任感、树立自信心，形成团结向上的良好工作氛围。

医院档案是医院的宝贵财富，是医院文化建设的精神财富。重视医院档案对医院文化建设的重要作用，就是要善于从档案中挖掘出精神财富促进医院文化建设，善于利用医院档案中的文化资源使医院文化建设别具特色，善于利用档案中蕴含着的文化软实力促进医院不断向前发展。

第二节　医院档案管理信息化建设的思考

一、医院档案管理信息化建设的必要性

随着医院管理制度的健全与完善，以及医院规模的扩大，其档案管理工作的任务也越来越繁重，如需要对医院在日常运营中产生的一切临床、病历、行政、人事、科研以及后勤等信息进行收集、整理、保管以及鉴定、统计和利用。单纯依靠人力的传统档案管理方式，已无法适应现今的医院档案管理工作需求，必须通过信息化建设与转型，才能更好地完成医院档案管理任务。

（一）有助于提高医院档案管理的效率与质量

如上所述，当前医院档案管理的任务非常繁重，需处理大量的档案信息内容，而且档案管理的具体工作环节众多，在这种情况下，如仍坚持单纯依靠人力的传统档案管理方式，一是会大大降低档案管理工作的效率，因为人对信息数据的处理速度有限，再加上其他各种琐碎的工作环节，无一不使档案管理的效率低下，可能对档案信息的处理速度，跟不上档案信息的产生速度；二是人工档案的管理方式，难免出现各种疏漏，如档案资料信息错位、遗失、不全、模糊、可读性差等，难以做到真正的规范化，从而会使档案管理的质量及其可用价值大大降低。而通过医院档案管理信息化建设，则可完全克服、解决上述

问题，因为信息技术具有非常高效的信息数据处理能力，而且可根据预先设定的规范对档案信息数据的规范性进行控制，从而提高医院档案管理的效率与质量，保证档案具有更高的利用价值。

（二）有助于促进医院档案共享、更充分地发挥档案价值

医院档案管理具有多种价值，其一是具有记录性的历史文化价值，可详细记录医院医疗卫生事业发展的方方面面；其二是具有现实利用价值，能为临床、科研以及医院其他各项工作的开展，提供参考和依据。尤其在健康中国的战略背景下，智慧医疗的建设，更需以各类大量的医院档案信息数据为基础，构建健康档案云，如此才能保证智慧医疗的建设和运行，推动健康中国战略进程，提高整个社会的医疗卫生服务水平。但传统的档案管理方式，在档案的共享和利用上存在很大的限制，因为只能以纸为介质进行保存、调阅、查询，分析过程也较困难，这就使得医院档案的价值难以充分发挥。而通过信息化建设，将信息技术用到医院档案管理中，借助信息技术在信息数据存储、传输方面的功能和优势，便能大大促进医院档案的共享，并为档案的调阅、查询、分析等提供高效的辅助，从而使医院档案的价值得到更加充分发挥。

（三）有助于减轻档案管理人员的工作压力

以上都是从档案管理本身的角度出发，探讨信息化建设对医院档案管理的必要性，而从人本角度来讲的话，医院档案管理信息化建设的必要性更加突出。面对繁重的档案管理工作任务、琐碎的档案信息数据、烦琐的档案管理工作环节，档案管理人员势必承受巨大的工作压力，并且还难以取得理想的工作成效。即使档案管理人员在主体上具备过硬的专业知识和能力素养，在主观上也具有做好档案管理工作的责任意识、质量意识，但在过重的工作压力下，也可能出现各种疏漏、错误，这会让档案管理人员进一步怀疑自己的付出和价值。将信息技术用到医院档案管理工作中，而大部分机械性、重复性的工作内容，都可交由信息技术处理，作为工作人员只需用自己的档案管理专业知识、能力，负责好命令控制工作即可，在提高医院档案管理效率与质量的同时，能减轻档案管理人员的工作压力。

二、医院档案管理信息化建设策略

前文已提到，当前医院档案管理信息化建设，存在着信息化平台不健全、制度不完善、共享和利用不充分、技术层次较低以及信息安全防护较弱等问题。为此，应根据这些

现存问题，采取针对性的建设策略，有效提高医院档案管理信息化建设水平。

（一）加大医院档案管理信息化建设力度，打造健全的档案管理信息化平台

当前，医院行政、临床等各个方面都在朝着信息化方向转型、发展，力争通过信息化建设，优化医院的医疗卫生服务质量；与此同时，医院需认识档案管理的信息化建设也同样重要、同样影响医院的整体医疗卫生事业发展，从而提高对医院档案管理信息化建设重视力度，加大建设、投入，打造健全的档案管理信息化平台，为医院档案管理信息化工作的开展提供理想的内部环境和外部条件。在具体的医院档案管理信息化平台建设中，首先需考虑自身的档案管理工作需求，配置完善的档案管理信息化硬件设备，如档案管理服务器、终端计算机、扫描仪、专用数据存储设备、信息安全硬件设备、专用内部网络等。在平台的软件建设上，应从医院档案管理的实际需求出发，搭建专用的档案管理信息化平台，围绕档案收集、录入、鉴定、整理、编撰、统计以及保管、研究和利用等一系列的档案管理需求，开发专门的档案管理信息化平台系统。并要发挥信息技术的自动化、智能化优势，以取代更多的人工工作，减少工作人员的劳动压力，如对档案信息内容进行智能化的检查，看档案内容的完整性、规范性是否符合要求等。但需注意的是，信息技术能自动化、智能化地帮助档案管理工作处理大量事务，但作为档案管理工作人员，仍需认真地落实自身工作任务，如按档案管理的本质、根本原则和一般方法等，对信息化的档案管理平台进行合理、正确的操作，保证信息技术能正确地处理档案管理工作事务，确保平台的正常、高效运行，真正在档案管理中发挥其作用、价值。

（二）完善医院档案管理信息化制度建设，提高档案管理信息化规范性

由传统人工档案管理向信息化档案管理的转变，会使档案管理呈现出一些新的特点，因此在档案管理的制度上也需随之更新，这样才能提高医院档案管理信息化的规范性。为此，针对医院档案管理信息化制度不完善的问题，应完善医院档案管理信息化制度建设，首先需根据档案管理工作的本质要求，从既往的档案管理工作中汲取经验，将可用的、适用的制度直接移植到信息化的档案管理工作中，如对档案信息内容的制度要求，就无论如何都不会发生变化，在信息化的档案管理中，应继续严格执行；其次是需基于信息化的档案管理工作转变，以《中华人民共和国档案法》《电子文件归档与电子档案管理规范》《全国档案信息化建设实施纲要》等为指导，结合医院自身的档案管理工作需求，对各类档案在信息化管理中的收集、鉴定、整理、编撰、统计以及保管、研究和利用等，作出明确的制度约束。要避免在任何的档案管理工作环节中，出现随意性或经验主义，规范信息

化档案管理工作的有序开展，保证档案管理的合法性、合规性，提高档案管理质量。

（三）建立统一的档案管理信息技术标准，促进医院档案共享、利用

医院档案应当要得到充分的利用，才能体现和发挥其价值。为此，医院在自身的档案管理信息化建设过程中，应积极与其他医院、卫生院、社区卫生服务中心、疾控中心、科研单位等，所有的相关上、下、同级单位建立档案共享信息化体系，一是可在严格遵守档案保密制度的前提下，对彼此开放访问档案资源的途径，予以彼此访问相关档案的权限。这一点较为重要，因为不同单位都有一些私密性的档案信息，而且这些档案往往共享出去，也对其他单位没有太大价值。所以对这部分私密性的档案，应加强共享访问权限的管理，如无必要这部分档案不应共享；二是可共同建立云端档案数据库，各个单位将可共享的档案上传到云端档案数据库，任由合作单元访问。不过在这个过程当中需注意一点，就是要在各个单位相互间，建立统一的档案管理信息技术标准，如档案信息数据的存储格式、传输格式、加密方式等，都需统一，避免对档案的共享造成阻碍，这样才能真正促进医院档案的共享、利用，使档案可在共享体系内最大限度地得到开发，发挥出医院档案的价值。

（四）加强对大数据的合理应用，提高医院档案管理信息技术水平

当前，医院档案管理的信息技术水平还停留在较低的层次，没有应用更先进的信息技术，这也是需解决的一大问题。如大数据对档案管理便具有非常突出的作用，医院应在自身的档案管理信息化建设中，加强对大数据的合理应用，以提高医院档案管理信息技术水平。实践中，医院首先需考虑档案管理的大数据存储技术的问题，就大数据的发展现状看，存储技术主要包括 New SQL、No SQL 以及分布式文件系统等，通过对这些技术的应用，能基本满足医院档案管理大数据存储要求；另一方面，医院要更加专注对大数据分析技术的建设，这是大数据及其应用的核心，如现阶段大数据分析技术主要有机器学习、情报检索、数理统计分析、可视化分析、专家系统等。医院可根据各类档案的特点和信息分析需求，应用不同的大数据分析技术，为医院临床工作、科研工作，以及医疗卫生服务决策等，提供更加丰富、详实的参考和依据。

（五）强化医院档案管理信息安全建设，保护档案信息安全

医院档案大多非常私密，具有非常高的保密要求，尤其是患者的临床资料、病历等，既不能泄露，也不能遗失，否则便会侵犯患者的个人隐私权，或导致患者今后的病情治疗

缺少参考和依据；此外，医院的行政、人事、财务、科研等其他档案，也需得到有力的保护。为此，医院应强化档案管理信息安全建设，消除档案信息安全隐患。首先，应注意保护服务器、专用数据存储设备，使其免受水、火、空气湿度等外界的危害与影响；其次是需对档案进行必要的加密保护，如需传输档案，最好用虚拟专用网络（VPN），建立私密的数据通道；再者，应综合性地用好防火墙、访问控制、身份认证等相关信息安全技术，提高档案管理信息安全的技术保障力度，通过这些技术性的安全措施，可在很大程度上有效防范来自外部的信息安全攻击与入侵；另外，应定时对档案信息数据进行备份，备份方式最好用异地备份，避免物理性的损坏将备份数据也一并破坏，增强医院档案管理信息化的容灾能力，如出现档案信息数据破坏、损毁，以便尽量恢复数据，从而减少可能出现的损失。

第三节　大数据技术与医院档案管理创新

随着人们健康意识的不断增强，定期身体健康体检已经走进了千家万户，医院档案资料成为患者了解自身身体情况的重要抓手，医疗事业的可持续发展更是对医院档案管理工作提出了较大的期待。大数据、云计算、智能机器人等一系列现代化信息技术手段为医院档案管理工作注入了新的活力，医院档案管理工作逐渐从幕后走上了台前，成为医院经营管理中的重要组成部分。

一、大数据技术对医院档案管理产生的影响

（一）有利于信息资源共享

医院业务科室较多，档案资料内容丰富，病历档案的书写和录入需要耗费医生大量精力，尤其是有些患者在各个科室之间转诊，就会产生较多的基础性档案资料，如果能够将各科室之间的病历档案资料进行共享，将会显著提高医院病历档案的录入速度，给患者的再次就医提供更多便利条件。传统档案管理受制于人工录入信息缓慢、存储方式单一等因素，无法全面实现档案信息资源共享，而大数据技术以其海量的存储空间和便捷的录入模式，已经成为档案信息资源共享的关键手段。

（二）有利于档案收集完整

档案资料收集工作是档案管理工作顺利进行的基本要素，只有档案资料收集完整，才

能为医院病历档案服务提供便利条件。大数据技术背景下，医院档案收集工作也展开了技术化模式，档案资料收集程序更为简化，现代化管理手段的优势已经得到初步凸显，档案存储载体不再拘泥于传统纸质档案材料，光盘、移动硬盘、数据库系统等档案收集方法逐一登场，日益丰富的档案收集渠道，使得医院档案资料收集更为完整。由此可见，将大数据技术运用到医院档案资料收集环节，既能为医院提供多渠道的收集方式，又能强化医院业务科室档案资料的完整程度，为医院下一步诊疗工作的开展提供基础数据。

（三）有利于展示服务能力

医院档案管理服务功能直接影响着医患关系，医院病历档案查询窗口直面患者，既能展示医院档案管理服务能力，也能有效提升患者满意度，关系到医院经营管理工作能否达到患者需求。传统档案管理注重的是保管，而没有深刻理解到服务的内涵，更是无法满足医院档案管理现代化的要求。大数据技术融入医院档案服务平台后，医院档案服务功能设置更为完善，档案服务系统在大数据后台分析和汇总技术的支持下，更深层次地了解患者的档案服务需求，方便为患者提供更为丰富化的档案服务内容，从而全面提升医院档案管理系统平台的服务能力。

（四）有利于增强医院实力

医院档案涉及面广，数量巨大，依靠人工管理的方法，档案管理效率低下，难以得到较好的档案服务质量，更不可能在众多医院中脱颖而出，竞争能力不足。大数据技术在改变着档案管理模式的同时，也提升了医疗档案的流转速度，更成为医院拟定中长期发展规划方案的数据提供者，增强医院核心竞争实力。

（五）有利于节省人力资源

大数据技术引入医院运营管理工作以来，对预约挂号、在线问诊、就医回访等方面的服务做得更为细致，数据库系统后台每天都能准确分析出医院各科室诊疗活动的详细数据，主要包括：患者数量、年龄结构、就医次数等。患者就医时产生的档案数据直接在对应功能分区上传，患者可以依据就诊卡账号和密码，自行下载检查报告和医生医嘱，大大节省了人力资源成本，也提高了医院整体管理水平。

二、大数据背景下医院档案管理的创新思路

(一) 创新工作思维

大数据技术在医院档案管理工作中能否有效推进，离不开医院领导和上级主管部门的大力支持，只有医院领导层面的档案管理思维得到了创新，档案管理数据化建设才能得到一个良好的发展空间。档案管理部门的主管领导应深入了解大数据技术运用的优势及弊端，组织各业务科室领导进行座谈和调研，真正将医院档案数据库建设落到实处，而不是停留在文件精神和讲座上的一句空话。医院应鼓励档案管理部门领导参加相关知识培训，更新档案管理知识结构，熟知大数据技术对医院档案管理工作的深远影响，把搭建医院档案数据平台作为考核档案管理人员履职能力的关键指标之一，切实提高医院档案管理工作水平和工作质量。

(二) 创新人才引进

目前，我国多数综合性医院已经具备了较为完善的人才引进机制，可是一些中小型专科医院还是受制于编制问题，难以招聘到专业技术能力强的档案管理人才，现有档案管理工作人员仍是行政管理人员兼任，这对医院档案数据系统的建立造成一定程度的阻碍。为了迅速改变档案管理人才结构，满足大数据技术在医院档案管理中运用的人才需求，必须积极创新人才引进方式，尽量在短时间内完成档案管理人才招聘工作，人员到岗前要参加岗前培训，培训以医院档案管理工作的特殊性、档案管理系统操作技术等为主要内容，制定人才优待计划，有针对性地解决档案管理人才引进的各种制约因素，通过优才计划促使医院档案管理整体水平踏上一个新高度。

(三) 创新信息设备

大数据技术的运用离不开现代化的信息设备，为了加快大数据技术与医院档案管理工作的深度融合，必须要投入设备专项资金，依据档案管理数据化的运用方向，配备相应的信息设备。比如更新计算机，档案管理部门原有的计算机运行内存和存储空间都已经与大数据技术不匹配，在电子档案录入和查询中经常出现系统卡顿和死机的现象，无法支持医院档案数据库的建立，更与省市医院档案系统平台之间不能很好地兼容。

(四) 创新职业素质

档案管理人员的专业能力和职业素质是开展医院档案数据化管理的要素之一。大数据

技术在医院档案管理中的运用不是一朝一夕就能完成的工作，而是需要几年或是十几年的时间才能逐步完善医院档案数据管理系统，这么庞大的工程和工作量仅仅依靠几个档案管理人员是很难完成的，这就需要我们医院做好宣传工作，充分调动职工的参与意识，鼓励更多的职工支持这项工作。医院档案资料涉及面广、分类项目多，不是简单的档案收集和保管，医院档案管理数据系统从建立到熟练操作都在考验着档案管理人员的职业素质，医院档案管理人员不仅要具备现代化的档案管理基础知识，还要能够运用信息化的档案管理手段实现医院档案管理数据化。

第四节　5G 技术在医院档案管理中的应用

新时代，网络信息技术对各行各业都产生了深刻影响，5G 技术作为信息技术的重要组成部分，与各行各业结合得非常紧密，改变了很多传统行业的工作模式。医院在档案管理过程中，应主动运用现代信息技术，实现医院档案管理由传统管理模式向现代管理模式的转型。5G 技术凭借其低延时、大容量、高速率等诸多技术特点，能够在档案管理中扮演重要角色。医院主要领导要充分认识到 5G 技术与档案管理工作融合的必要性和重要性，并结合医院档案管理具体需要，实现 5G 技术医院档案管理的深度融合，更好地服务医院档案管理工作。

一、5G 技术在医院档案管理中的应用优势

近年来，很多医院在档案管理过程中主动引进了现代信息技术，在 5G 技术的加持之下，人工智能、大数据、物联网、云计算等现代信息技术与医院档案管理工作融合更为密切，进一步提升了医院档案管理质量。

（一）有助于节省医院档案管理成本

部分医院纸质档案长时间没有得到利用，很容易出现发霉或被外部环境破坏等不确定因素。一旦出现类似问题，想要对这些纸质档案进行修复，需要投入大量人力、物力和财力，相应的会增加医院在档案管理中的投入。5G 技术的引入，能够深刻改变传统医院档案管理模式，通过建立医院档案管理数字平台，将传统的纸质档案进行数字加工，形成医院档案大数据库，减少不必要的人力物力投入。同时，医院档案管理质量和管理效率得到了有效提升。通过系统的教育培训，能够让现有的医院档案管理人员掌握必要的信息技

术，将 5G 技术与医院档案管理有机融合，实现医院档案管理模式的现代化转型，进一步提升医院档案管理效率，缩短医院档案信息整合时间，更好地为医院各项工作提供服务，有效降低医院档案管理成本。

（二）有助于推进医院档案管理工作自动化

医院档案管理涉及多个方面，包含医院在运行过程中产生的各类有价值的电子档案信息，这些档案来源于多个部门，依靠现有的医院档案管理部门力量，要想对这些档案信息进行全面收集整理和开发利用，显然具有较大难度。随着 5G 技术的运用，能够进一步提升医院档案管理信息化水平，通过引进先进的 5G 技术和硬件设施，能够搭建医院档案管理数字化平台，进一步提升医院档案管理工作的自动化水平，为医院其他工作的开展提供更多的便利。随着医院档案管理工作的自动化，相应的会带动医院其他部门自动化水平的提高。在引进更为先进的档案管理设备的同时，有助于实现医院档案管理水平的提升，更好地服务医院其他方面的工作。

（三）有助于提升医院档案管理的规范化水平

5G 技术与医院档案管理工作的有机融合，能够运用更为先进的技术设备，解决传统档案管理工作中的不足，实现对纸质档案的数字转换，并结合医院档案不同载体进行有针对性的技术加工和保存，最大限度地延长不同类型档案资料的保存时限和保存质量。同时，可以借助现代信息技术对整个档案管理流程进行重新优化设计，结合医院档案管理资料的实际需要，对其进行分类，制定相应的技术标准和制度规范，提升医院档案管理规范化水平。在医院档案管理制度落实过程中，有助于解决医院之前档案管理不规范、档案乱摆乱放的问题，进一步提升医院档案管理质量，能够快速对档案信息进行检索，提升服务速度，更好地服务广大患者和医院的教学科研工作。

（四）有利于实现档案信息资源共享

网络信息技术的不断发展，为医院档案管理工作提供了更为多样化的信息支持。同时，社会对于医疗档案服务也提出了多样化的需求。5G 技术与医院档案管理工作的有机融合能够使医院档案信息共享变得更为便捷。医院可以通过档案管理数字化平台，实现对医院档案信息资源的有效整合，并按照一定的标准和形式对各类档案进行重新编制，医院各个部门和相关人员可以随时随地获取相关档案信息，实现医院档案信息资源的最大化利用。同时，医院档案管理部门也可以更好地了解其他部门在档案管理方面的好经验、好办法，将这些经验办法运用到医院档案管理实际工作之中，进一步提升医院档案管理质量，实现医院档案管理部门与其他部门的相互学习、相互促进、相互成长。

二、医院档案管理与信息技术应用现状

随着医院服务人群的不断增加，医院的档案数量越来越多。相应的，档案管理人员的工作压力也越来越大。如果不及时引进现代信息技术，医院需要不断加大投入才能维持档案工作正常运转。就当前而言，受到许多因素的限制。一方面，虽然医院档案管理工作取得了阶段性成就，但现代信息技术运用方面经验不足；另一方面，医院档案管理工作与现代信息技术融入不深不透，数字化档案管理体系还没有建立起来，档案管理人员支持和保障力度相对不足，数字化档案监管制度不够完善，这些问题在一定程度上影响了医院档案管理工作质量的提升。

（一）数字化档案管理体系不完善

5G技术与医院档案管理工作的有机融合需要全方位的信息技术支撑和相关制度体系的构建和完善。从目前看，部分医院在数字化档案管理过程中对于档案管理体系重视程度不足，没有为医院档案管理部门完善相应的硬件设施和软件系统。部分医院在信息化档案管理过程中软件设施与硬件系统不匹配问题严重，也没有结合医院档案管理工作实际完善相关的制度机制和管理标准，导致医院在档案管理过程中出现了系统运行不稳定、部分档案信息技术标准不达标、档案信息共享存在不兼容问题，在一定程度上影响了档案信息化建设，也不利于医院档案信息资源的合理利用和开发。特别是在5G技术运用方面，由于需要前期对象的硬件设备进行更新和完善才能够达到5G技术要求，但部分医院并没有结合5G技术的相关技术标准对硬件和软件设施进行升级改造，在一定程度上影响了医院档案管理质量的提升和管理效率的改善。

（二）档案管理人员支持与保障不足

无论是医院档案管理工作还是5G技术的应用运用，都需要专业的人才来落实。但从目前看，部分医院在档案管理人才教育培训方面没有给予足够重视，也没有结合医院档案信息化建设的实际需要引进优秀的档案管理人才，在一定程度上影响了医院档案管理工作与5G技术的结合。一方面，医院主要领导对于医院档案管理人才培养重视程度不足，在医院档案管理人才队伍建设方面没有形成相应的制度规范，很多医院档案管理人员并非科班出身，更多的是从其他科室调剂而来，这些档案管理人员平时工作积极性和主动性不

高，无法结合医院档案信息化建设的实际需要对5G技术、大数据技术、云计算技术、人工智能技术进行系统熟练地操作，难免在工作过程中出现操作不当或档案不规范问题，在一定程度上影响了医院档案管理质量；另一方面，医院档案管理人员在福利待遇和上升通道方面支持力度不足。要想更好地激发档案管理人员工作的积极性和主动性，必须有相应的激励机制。但目前部分医院在档案管理人才培养方面并没有形成相应的激励机制。福利待遇与一般科室相同，加之档案管理部门并不属于业务部门，上升通道过窄，在一定程度上影响了医院档案管理人员工作的主动性，没有结合医院档案信息化建设需要进行自我能力的提升。

（三）数字化档案管理监督制度不完善

5G技术背景下，医院档案管理工作出现了很多新情况和新问题，为了进一步提升医院档案管理的质量，有必要完善数字化档案管理监督机制，对医院档案管理工作进行全程监督。目前，部分医院并没有结合数字化档案管理的实际需要完善相应的监督机制，于是没有形成专门的监管单位，导致医院档案管理部门在档案管理工作中缺少有效的监督，在工作过程中容易出现随意性问题，部分医院档案管理监督制度并没有严格落实，在档案管理过程中很容易出现网络安全隐患，这些潜在的风险对医院档案管理工作会产生直接或间接的影响。特别是5G技术与医院档案管理工作的有机融合，医院档案会以数字的形式存在于网络空间或数据库之中，一旦档案管理人员对于医院档案管理保密安全制度落实不到位，就可能造成信息泄密或被黑客盗取的问题，轻则会对医院造成经济损失，重则会给国家和集体造成损失。

三、5G技术在医院档案管理中的应用策略

医院在档案管理过程中应积极引入5G技术，加强对医院档案信息资源的合理开发和利用，实现医院档案信息资源的最大价值。在具体实施过程中，一方面，要加强5G技术与医院档案管理的深度融合；另一方面，要创新与数字化档案相适应的服务模式，进一步提升服务的针对性和有效性。

（一）加快5G技术在医院档案管理中的应用

随着5G技术与各行各业的深度融合，医院在档案管理过程中应该充分认识到5G技术引入的必要性和现实的紧迫性。医院主要领导要更新管理理念，根据医院信息化管理的实际需要，将5G技术作为提升医院档案管理工作的重要手段和目标。医院档案管理部门

也应该摒弃传统的医院档案管理模式，在 5G 技术应用过程中，要结合 5G 技术与医院档案信息化建设的特点，加强技术与业务的衔接，进一步提高医院档案信息化管理水平。同时，要对医院档案信息化建设过程中的相关问题进行经验总结，加快 5G 技术在医院档案信息化建设中的应用和推广。医院主要领导要结合医院档案管理的实际需要，为医院 5G 技术的应用配置相应的软件系统和硬件设施，要为档案管理部门构建专门的 5G 局域档案专线，满足医院档案管理广覆盖、低成本的现实要求，进一步提升医院档案信息收集效率和档案信息共享速度。同时，要对医院档案管理模式进行创新和优化，医院档案管理部门要结合 5G 技术的特点，完善医院档案管理信息系统，优化医院档案管理流程，进一步提升医院档案管理质量。

（二）创新与数字化档案相适应的服务模式

5G 技术凭借其巨大的技术优势，在医院档案管理全流程中大有可为，能进一步提升医院档案管理的信息化、智能化、数字化水平。当前，广大人民群众对于医院医疗服务要求越来越高，在档案信息服务方面提出了新的要求。为此，医院更应该听取广大人民群众对于医院档案信息服务的多样化诉求，对医院档案信息服务模式进行创新和完善，进一步提升医院档案信息服务的针对性和有效性，更好地满足广大人民群众对于医院档案信息的多样化需求。传统医院信息服务以纸质档案信息服务为主，主要是通过人工操作模式，为患者或其他需求群体提供档案复印或档案借阅服务，能够提供服务的人群有限，加之在档案服务过程中档案管理人员的专业素养参差不齐。因此，在服务过程中难免会出现各种问题，直接影响了医院档案信息服务的质量，也使广大人民群众对于医院档案信息服务提出了质疑。为了减少医院档案管理工作中的失误，提升医院档案管理质量，重塑医院档案管理形象，有必要主动引进 5G 技术，构建和创新与人民群众相适应的数字化档案信息服务模式，依托医院档案管理数字化平台，对重要的档案信息全面收集。结合患者和广大人民群众的具体要求，对信息资源进行深度挖掘，进一步提升医院档案信息服务的全面性。5G 时代，医院可以利用网络云对医院档案信息进行云储存，实现云储存医院档案管理数字化平台的有效对接，进一步提升医院档案信息的查阅效率和用户体验，释放医院档案信息 5G 技术福利，提升医院档案信息服务用户满意度。

（三）加强医院档案管理人员的教育培训

5G 时代对医院档案管理人员的信息素养提出了新的要求，因此医院在推进档案信息化建设过程中，应将档案管理人员队伍建设作为医院工作的重要环节。要充分认识到，当前医院档案管理人员存在着短板，在技术服务能力和操作能力方面存在着不足，难以实现对医院档案信息资源的有效整合，无法为患者和广大人民群众提供有针对性的档案信息服务。

基于此，医院应定期对档案管理人员进行系统的教育培训，进一步提升医院档案管理人员的信息素养，使5G技术与医院档案管理工作有机融合，提供扎实的人才保障。在具体培训过程中，要将自然语言处理技术、机器学习、信息检索、认知技术等作为重要的培训内容，进一步提升医院档案管理人员的专业技术水平。同时，要加大对医院档案管理人员安全保密意识的培训。要求医院档案管理人员在档案管理过程中严格落实医院安全管理制度，确保医院档案信息安全，为后续医院档案信息资源开发利用创造有利条件。

总之，新形势下，5G技术对医院档案管理工作产生了深刻影响，医院在档案管理过程中，应充分认识到5G技术的优势和特点，并将其运用到医院档案管理工作之中。一方面，要围绕5G技术的特点，对医院档案管理工作的制度机制进行完善和创新，加大对医院档案管理人员的教育培训；另一方面，要将5G技术深度融合到医院档案管理之中，更好地服务医院档案管理工作，进一步提升医院档案管理工作的质量。

参考文献

[1] 包学栋，张楠，曹岚，等. 探析企业管理中的档案信息化建设路径 [J]. 中国商贸，2012（11）：72.

[2] 陈曦. 企业档案信息化建设实施路径研究 [J]. 黑龙江档案，2022（05）：264-266.

[3] 陈一红. 我国高校档案管理工作创新研究 [M]. 天津：天津人民出版社，2019.

[4] 陈永生. 方法与效益——对更新档案学研究方法的思考 [J]. 云南档案，1991（2）：4.

[5] 费文奇. 提升档案管理人员素质的对策 [J]. 城建档案，2019（08）：111-112.

[6] 付晓林，王凯，谷博，余咏梅. 高校学生档案管理实践与思考 [J]. 兰台世界，2022（11）：94-97.

[7] 葛如一，刘思雨，吴熠，张琪，汪宇. 照片档案管理数字化转型升级探索与实践 [J]. 档案与建设，2021（05）：53-55+62.

[8] 韩静. 高校设备档案管理体系构建研究 [J]. 兰台内外，2022（30）：65-66+80.

[9] 何嘉荪，潘连根. 论文件运动的特殊形式——跳跃与回流 [J]. 档案学通讯，2000，03：11-15.

[10] 何嘉荪. 深化对文件运动规律的研究 [J]. 档案学研究，1995（03）：2-3.

[11] 李琳. 档案信息化建设在医院档案管理改革中的必要性及价值探究 [J]. 信息记录材料，2021，22（03）：90-92.

[12] 刘辉. 新形势下医院档案管理信息化建设的创新思路 [J]. 现代企业文化，2022（13）：46-48.

[13] 栾岚. 档案收集整理工作常见问题与应对策略 [J]. 兰台内外，2021（18）：43-44.

[14] 罗琼. 高校档案规范化管理探析 [M]. 延吉：延边大学出版社，2019.

[15] 牟锋. 刍议医院档案管理如何适应大数据时代发展要求 [J]. 办公室业务，2020（24）：144-145.

［16］潘皓. 企业档案管理信息化建设［J］. 机电兵船档案，2023（01）：101-104.

［17］潘潇璇. 档案管理理论研究［M］. 延吉：延边大学出版社，2018.

［18］孙宏伟，赵婷. 大数据技术对医院档案管理的影响分析［J］. 黑龙江档案，2022（03）：305-307.

［19］万丽. 医院档案管理信息化建设的必要性及策略探讨［J］. 办公自动化，2022，27（24）：50-52.

［20］王协舟，何振，肖文建. 档案学专业课程体系设计与实践教学改革——以湘潭大学档案学专业为例［J］. 档案学通讯，2006（5）：4.

［21］王芝兰. 高校档案规范化管理［M］. 长沙：湖南师范大学出版社，2012.

［22］徐丽娟. 档案管理人员素质的三个维度［J］. 内蒙古科技与经济，2022（04）：32-33.

［23］杨霞. 社会记忆理论在档案管理研究中的应用及其双重意义［J］. 云南档案，2022（06）：42-44+48.

［24］杨扬. 5G技术在医院档案管理中的应用研究［J］. 办公室业务，2022（14）：151-153.

［25］杨一端，张静. 简论企业档案管理［J］. 山西档案，2014（6）：95.

［26］尹林梅. 档案检索工具及其体系探讨［J］. 黑龙江史志，2013（23）：105.

［27］张端，刘璐璐，杨阳. 新编档案管理实务［M］. 成都：电子科技大学出版社，2017.

［28］张慧利. 医院档案管理及其发展研究［M］. 成都：电子科技大学出版社，2017.

［29］张鹏. 档案管理人员基本素质的提升对策［J］. 农民致富之友，2019（12）：211.

［30］浙江省档案局. 档案事业概论［M］. 杭州：浙江大学出版社，2014.

［31］仲华. 档案统计工作的内容与意义探究［J］. 城建档案，2020（10）：108-109.

［32］邹吉辉. 文件运动规律新论［J］. 档案学研究，2003（3）：4.

［33］邹月珍. 简析档案管理新理论与知识服务再融合的相关问题［J］. 科技资讯，2021，19（27）：89-90+93.